Minimalismus

Es kann so leicht sein

Wie du dein Leben durch einen minimalistischen Lebensstil nachhaltig vereinfachst

Hubert Möller

Bibliografische Information der Deutschen Nationalbibliothek
Die Deutsche Nationalbibliothek verzeichnet diese Publikation in der Deutschen Nationalbibliografie; detaillierte Daten sind im Internet abrufbar unter:
https://portal.dnb.de

Für Fragen und Anregungen:
info@justsmartproducts.de

Hubert Möller
Minimalismus – Es kann so leicht sein
1.Auflage / 2019
© by GbR: Julian Möller & Fabian Möller
Endenicher Str. 302, 53121 Bonn

Ein Imprint der
JSP
GbR - Julian Möller & Fabian Möller
Endenicher Str. 302, 53121 Bonn
Verantwortlich für gewerbliche Dienste.

Buchsatz: Julian Möller
Korrektur & Lektorat: Corinna Stiebler
Illustration: Bernhard Möller

ISBN: 9781097312719

Minimalismus – Es kann so leicht sein

JSP-V

www.justsmartproducts.de

Über den Autor

Hubert Möller arbeitet seit 1993 als Therapeut in eigener Praxis und ist Autor und Co-Autor unterschiedlicher Bücher. Auf seinen vielen Reisen nach Thailand, Indien, Nepal und Bhutan hatte er intensiven Kontakt zum Buddhismus.

In seinem Buch „Minimalismus- es kann so leicht sein" ist dieser Einfluss in vielen erzählten Erlebnissen deutlich spürbar. Hubert Möller ist verheiratet und Vater von vier Kindern.

Inhaltsverzeichnis

1. Minimalismus – Minimal ist Muss

„Heute ist der erste Tag vom Rest meines Lebens. Was soll ich damit anfangen?“

Ayya Khema

Es wird heute viel über Minimalismus gesprochen und geschrieben. Minimalismus ist in! Doch was ist damit eigentlich gemeint?

Auch wenn der Begriff heute modern geworden ist, ist er nicht neu. Seit jeher beschäftigen sich die Menschen damit, ihre materielle Güter zu reduzieren, um durch diesen bewussten Schritt freier und glücklicher zu werden. Gerade diese beiden Begriffe tauchen in Verbindung mit Minimalismus immer wieder auf: Freiheit und Glück.

Es macht uns also glücklich, weniger zu besitzen? Oder nur noch ausgesuchte, nachhaltige, wertvolle Dinge und weniger Überfluss?

Seit jeher kennen alle großen Religionen die geistige Befreiung durch das materielle Reduzieren auf das Notwendige. Frauen und Männer, die bewusst auf alles Hab und Gut verzichten und als Mönch oder als Nonne in spartanische Orden auf Lebenszeit eintreten.

Der indische Sadhu, der sich über Jahre in eine Höhle im Himalaya zurück zieht um dort sein Glück zu finden.

Das Fasten entspringt der gleichen Idee: dass wir freier, reiner, gesünder werden, wenn wir eine Weile keine Nahrung mehr zu uns nehmen.

Es gibt aus der Geschichte noch viele andere Beispiele, bei denen sich die Menschheit bewusst der Reduzierung der Materie zugewandt hat.

Minimalismus kann man als Lebensstil betiteln.

Im Design und in der Architektur kennt man diesen Begriff ebenfalls. Die „Bauhaus-Epoche“ suchte in der Reduktion der äußeren Strukturen eine neue Sachlichkeit, eine Konzentration auf das Wesentliche. Neue Möglichkeiten, Reduzierung, Raum, Platz, neue tiefere Werte, Bewusstheit und Zufriedenheit.

Du siehst, der Begriff Minimalismus trägt große Worte, Werte und Ziele.

Es gibt unzählige weise Sprüche und Gedichte, die sich diesem Thema gewidmet haben. Viele kluge Köpfe, viele Meister und Lehrer haben sich darüber ausgelassen.

Wenn wir uns dem Thema Minimalismus zuwenden, sollten wir – obwohl in dem Wort „mini“ steckt –, ehrfürchtig den Hut vor ihm ziehen.

Wie kommt es überhaupt zu dem Bedürfnis, sich reduzieren zu wollen?

Ein Extrem kann es ohne das dem Entgegengesetzte nicht geben. Ein extremes Streben fußt auf der Tatsache, dass es ihr Gegenteil gibt und dass man damit schlechte Erfahrung gemacht hat, weshalb man sich nach einer Änderung sehnt. In diesem Fall ist das die Übersättigung, die Überreizung, das Zuviel.

Sprechen wir über Minimalismus taucht dieser Begriff fast immer mit einem Bruder im Schlepptau auf, dem Begriff: „notwendig“.

Ich mag es, Begriffe auf ihren Ursprung hin zu ergründen, die meisten haben ihren Namen nicht von ungefähr. Und bei „notwendig“ liegt die Bedeutung klar auf der Hand: aufgrund einer Not ist der Augenblick zur Wende da. Es geht darum, etwas Neues zu tun, um uns dadurch von der Not weg zu bewegen.

Das Wort „notwendig“ ist in Bezug auf Minimalismus sehr weit gegriffen. Dem einen geht es vielleicht um ein einmaliges Ausmisten aller angehäuften Dinge, um wieder Platz für Neues in Schrank, Keller oder Speicher zu erhalten. Vielleicht ist das Motiv seines Handelns, dass sein Schrank überquillt.

Der andere ändert damit konsequent einen Teilbereich seines Lebens, wie etwa die Möbelausstattung zuhause oder seine gesamte Garderobe, um dadurch einen neuen Lebensstil zu leben.

Wieder ein anderer nimmt seine Auseinandersetzung mit Minimalismus als Anlass, sein Leben vollständig bis in alle Bereiche umzukrempeln.

Immer wenn ein Begriff in den Vordergrund der Gesellschaft rückt, läuft er in Gefahr, als Modeerscheinung zerfleddert und überreizt zu werden und dadurch wieder unter zu gehen.

„Minimalismus macht glücklich!“

„Minimalismus schenkt uns Zeit und spart Mühe!“

„Wir schaffen Raum für Neues, weil der alte überflüssige Müll weg fällt!“

Das alles sind „Slogans”, die wir schon gehört haben und die wir mit dem Begriff „Minimalismus“ verknüpfen.

Unser Gehirn benutzt Verknüpfungen jeden Tag, in jedem Bereich. Sie haben eine tiefe und nachhaltige Wirkung auf uns. Sie prägen unser Denken, dadurch auch unser Empfinden und schließlich das Handeln. Jeder von uns möchte gerne glücklich sein, die meisten sehnen sich nach mehr Zeit.

Insofern sind das Themen, die fast allen von uns mehr oder weniger unter den Nägeln brennen. Wir fühlen uns in der Welt der Reizüberflutung überfordert und übersättigt. Wir haben „Sehnsucht und Durst nach weniger”.

Es ist schon grotesk, in den armen Ländern besteht die Hauptsorge darin, Dinge zu bekommen, welche die Menschen zum Überleben brauchen, wie ausreichend Essen, Trinken, Kleidung oder ein Dach über dem Kopf. Und in der sogenannten zivilisierten, reichen Welt besteht ein großes Problem darin, dass wir von allem zu viel haben, dass dieses Zuviel uns unglücklich oder unfrei macht und wir es ohne fremde Hilfe nicht schaffen, weniger zu haben oder weniger zu wollen.

Na, das ist doch ganz einfach, wenn das Zuviel belastet, dann weg mit dem ganzen Plunder!

Nichts einfacher als das!

Denkste! Wir stürzen geradewegs in eine innere Not, in eine Hilflosigkeit, wenn wir unser Leben reduzieren wollen, obwohl wir wissen, wie gut uns das täte.

„Ich könnte das noch einmal brauchen."

„Es könnten schlechte Zeiten kommen."

„Das hat mich eine Menge Geld gekostet."

So haben wir eine große Fülle an Sätzen parat, die uns vom Loslösen abhalten. Und wie du im weiteren Verlauf des Buches sehen wirst, warten wir noch mit ganz andere Dingen auf, als nur mit Sätzen, wenn es darum geht zu vermeiden, das Minimieren konkret anzugehen. Wir sind unglaublich klug und ideenreich und pfiffig dabei. In uns wird ein komplettes System dagegen aktiviert. Deswegen habe ich diesen „Gespenstern" ein eigenes Kapitel gewidmet. Und ich gebe dir auch im Verlauf des Buches konkrete Übungen an die Hand, wie du dich gegen diese „Veränderungsverhinderer" stark machen kannst.

Die Idee, zu minimieren ist wertvoll, die Umsetzung zunächst einmal gar nicht so leicht. Und es gibt kein Patentrezept. Die Umsetzung bleibt immer sehr individuell. Jeder hat seine ganz eigene Form, sein eigenes Ausmaß, seine ganz eigenen Werte bei der Minimierung seines Lebens.

Meine Aufgabe, ein Buch über das Thema Minimalismus zu schreiben, ist in gewissem Sinne eine Gratwanderung. Auf der einen Seite möchte ich dir eindeutige Richtlinien anbieten, die du konkret zur Umsetzung deines eigenen Minimierens nutzen kannst. Auf der anderen Seite möchte ich dir damit keine Minimierpflicht oder keine neue Norm überstülpen. Du wirst deine eigene freie Form dabei finden. Manche der Themen liegen mir selber so am Herzen, dass ich bei meinen Ausführungen achtsam sein möchte, zwischen den Zeilen nicht doch manipulativ zu wirken. Bitte hab Nachsicht mit mir, falls ich deine Grenze dabei nicht hundert prozentig wahre. Du sollst wissen, dass deine freie Entscheidung bei jedem Thema überaus bedeutsam ist.

Und ich finde es wichtig, dass wir dabei keinen verbissenen Kampf führen. Dadurch richten wir uns nur gegen uns selbst und unser eigenes Vorhaben.

Nein, das Minimieren sollte Freude machen. Wir führen nur auf Dauer weiter, was uns Spaß macht.

Ich biete dir ein Konzept aus sechs Schritten an, bei dem du im Hinblick auf die gängigsten Minimierungslebensbereiche deinen ganz eigenen Weg finden kannst.

Schritt eins bedeutet zunächst, eine Fülle an Material und Informationen zu dem jeweiligen Minimalisierungs-Thema zu sammeln. Diesen Schritt nenne ich im weiteren Verlauf des Buches: den „Gedankenwasserfall".

Beim **zweiten Schritt** kannst du deine eigenen Impulse, deine Werte und Ziele selber finden.

Sobald du sie gefunden hast, wirst du alle Feinde der Minimierung wecken und aktivieren. Ich meine nicht nur die Feinde von außen, die einen Nutzen dadurch hatten, weil sie dich bis dato ungehindert in ihrem Sinne beeinflussen und ausnutzen konnten, sondern auch deine eigenen, die aus deiner Tiefe geweckt werden. Beide sind nicht zu unterschätzen und es bedarf Wissen, Einsicht, Willen und Übung, gegen diese Feinde effektiv vorzugehen.

Das Erkennen dieser Gegner deiner Minimalisierungsziele wird der **dritte Schritt** sein.

Damit du deine, dir jetzt bekannten Gegner, dabei angehen kannst, zeige ich dir im **vierten Schritt** konkrete praktische Übungen, die dich gegen sie stärken und kräftigen.

Diese Übungen werden dich für dein eigenes Verhalten im Umgang mit Konsum sensibilisieren. Sie können dir ein Handwerkszeug beim Ändern deiner Lebensführung sein, sie machen dich wacher und bewusster.

Danach kommt der **fünfte Schritt**: deine zielgerichtete Veränderung, um dein Leben oder einen Teilbereich davon zu minimieren. Auch dabei gebe ich dir klare Ansätze, wie du diese Veränderungen nach den vorangegangenen vier Schritten effektiv umsetzen kannst.

Zuletzt erfährst du im **sechsten Schritt,** wie du dir deine Erfolge für die Zukunft sicherst, damit du nicht wieder in alte Verhaltensmuster zurückfallen kannst.

Dein Änderungssystem aus den sechs Schritten steht dir bei jeder Veränderung zur Seite und die praktischen Vorbereitungs-Übungen können beliebig oft wiederholt werden. Sie sind nicht nur effektiv, sondern auch interessant und machen vor allem Freude im Umgang mit sich selbst.

Deine Minimierung des Lebens bietet dir eine Erweiterung, eine Befreiung, einen Richtungsweiser deines ganz eigenen und individuellen Glücks.

2. Wenn du dein Leben nicht formst, machen es andere für dich

„Fürchte dich nicht vor Veränderung, eher vor dem Stillstand."

Laotse

Seit mehr als 25 Jahren arbeite ich therapeutisch mit Menschen. Menschen, die in meine Praxis kommen haben den Wunsch ihr Leben zu verändern, sind unzufrieden oder unglücklich mit sich oder ihren Lebensumständen. Sie bringen ihren Willen zur Veränderung mit. Meine Hilfe benötigen sie dabei, ihnen bei ihrer Veränderung kompetent zur Seite zu stehen. Trotzdem ist die Umsetzung nicht leicht. Wie schon erwähnt, wecken wir bei diesem Prozess Kräfte, die gezielt dagegen arbeiten. Sowohl äußere, als auch innere Kräfte.

Weshalb sollte ich aus meiner Tiefe etwas gegen Veränderung haben, wenn sie mir Besserung verspricht?

Und wer sollte von außen einen Verlust daran haben, wenn ich mich oder mein Konsumverhalten verändere?

Die Außenwelt hat sicherlich schon immer ein Interesse daran, die Lebensform ihrer Mitmenschen mit zu formen, sofern daraus ein eigener Gewinn geschlagen werden kann. Wenn man in der Geschichte zurück blickt, gab es immer Beispiele dafür. Die Großgrundbesitzer, die Kaiser und Könige, die sich ihrer Leibeigenen, ihrer Diener und Soldaten bedient haben. Auch religiöse Führer schreckten in der Vergangenheit und in der Gegenwart nicht davor zurück, Lebensformen anderer Menschen so zu beeinflussen, dass sie sich dadurch bereichern oder aufwerten konnten.

Dies erfolgt oft durch offensichtliche Gewalt oder Macht, wie Kriege oder Unterdrückung. Und das sowohl im großen Rahmen in der Politik, als auch im kleinen in den Familien durch Erziehungsmaßnahmen.

Heute hat sich das Formen und Beeinflussen unserer Wünsche, Bedürfnisse und Möglichkeiten durch die Außenwelt im Vergleich zu früher verändert. Schließlich leben wir heute eine große politische Freiheit durch unsere Demokratie. Niemals zuvor gab es so viel Offenheit und Aufklärung in einer Gesellschaft.

Trotzdem gibt es auch heute eine sehr ausgeprägte Beeinflussung der Menschen. Diese ist jedoch von außen heute deutlich subtiler als in früheren Zeiten.

In unserer modernen und wohlhabenden Gesellschaft leben wir einen Basissatz, der uns in unserem Streben und Bemühen leitet. Dieser lautet: „Alles muss immer mehr, immer größer und besser werden." Diesen Satz haben wir so oft gehört oder erlebt, dass er uns zur Tatsache wurde, die wir nicht mehr hinterfragen. Und das auf den verschiedensten Ebenen des Bewusstseins oder des Erlebens. Unsere gegenwärtige Zufriedenheit löst sich durch die Wirkung dieses Satzes augenblicklich in Nichts auf. Fast so, als dürfe unsere Zufriedenheit nicht sein. Dahinter steckt der Zwang des immer voran schreitenden Wirtschaftswachstums.

Natürlich wollen sich die Menschen weiter und nicht zurück entwickeln. Sobald man das Wirtschaftswachstum kritisch betrachtet, wird direkt mit der gegenteiligen Superlative zurück geschossen: „Willst du etwa zurück in die Steinzeit?". Viele Überlegungen und Gedanken an Ökologie, an Nachhaltigkeit werden versucht, mit diesem Satz klein zu halten oder zunichte zu machen. Und es funktioniert! Wir beugen uns unterwürfig dem Joch des immer währenden Wachstums und der Weiterentwicklung.

Ein kleines Land in der Welt trotzt mutig diesem Gesetz, das Königreich Bhutan im Himalaya. Unterhalb des Riesen China, über dem anderen Riesen Indien, mit der ungefähren Landesgröße der Schweiz aber nur mit ca. 74.000 Einwohnern, stellt sich das gesamte Land gegen den weltweiten Zwang des stetigen Wirtschaftswachstums, indem es ganz einfach den Schwerpunkt bewusst ein wenig verlagert hat.

Nicht das Wachstum der Wirtschaft steht im Vordergrund, sondern das Glück eines jeden einzelnen Menschen und die Gesundheit von Natur- und Tierwelt.

„Bruttonationalglück" haben die Menschen aus Bhutan ihr Streben liebevoll getauft. In Bhutan gibt es auch die modernen Medien, wie Fernsehen, Internet und Handy, über die wir massiv in unserem Wollen beeinflusst werden. Aber sie spielen nicht die gleiche Rolle wie in der restlichen Welt. Man spricht diesen Medien nicht die Bedeutung zu, die sie hier bei uns in der westlichen Welt haben. In Bhutan gibt es ein „Ministerium für Glücklichsein" mit einem „Minister für Glücklichsein", der, neben dem

König, eine der entscheidendsten Rollen im Land spielt.

Die obersten Staatsziele sind eine gerechte Regierung, Umweltschutz, Wahrung der Tradition und ein ausgewogenes und sozial verträgliches Wirtschaftswachstum.

„Bruttonationalglück steht über Bruttoinlandsprodukt“ ist der Satz, der in Bhutan über allem steht. Und das ist keine leere Floskel. Dieses Ziel wird mit Aufrichtigkeit im gesamten Land verfolgt.

Bis zum Jahr 2020 soll kein chemisches Düngemittel mehr in Bhutan eingesetzt werden. Bhutan wird dadurch das erste ökologische Land der Welt sein. 72% des Landes sind bewaldet, 60% Naturschutzgebiet. Die Menschen in Bhutan sind regelrecht verliebt in ihre Wälder. Sobald ein Baum gefällt werden muss, wird wenigstens ein neuer gepflanzt. Bhutan ist großartig, was Naturschutz, Ökologie, Wertschätzung und Pflege des Glücks angeht. Das Land ist ein regelrechter Meister in diesen Themen geworden und die Welt kann sich eine Scheibe davon abschneiden.

Blickt man auf das Glück eines jeden Lebewesens, auf die Erhaltung und den Schutz der Natur, den bewussten Umgang mit Energie und Ressourcen, die Weiterentwicklung der Ökologie, die Einschränkung oder das vollständige Vermeiden von Plastik im Alltag – Bhutan ist aktiv bemüht zu verändern und dem Strom der restlichen Welt etwas entgegen zu setzen. Und es funktioniert!

Was für eine Wohltat, dass es so ein Land mit solch einer Gesinnung gibt.

Leider sind unsere Medien mehr an den Welt-Katastrophen, an Mord- und Totschlag orientiert und berichten darüber, als über solch ein außergewöhnliches Bestreben des kleinen Königreichs im Himalaya.

Wenn es ein ganzes Land schafft, dieses Ziel so gewissenhaft zu verfolgen, dann sollte es doch auch jedem einzelnen Menschen in unserer westlichen freien und hochentwickelten Welt gelingen.

Was geschieht, wenn wir unser eigenes Leben nicht formen, wenn wir nicht bewusst darum bemüht sind, ihm die Gestalt zu geben, die wir uns von ihm wünschen?

Klar, in gewissem Rahmen müssen wir uns auf die Welt des Konsums einlassen.

Wir brauchen Nahrung, Kleidung, ein Dach über dem Kopf und so weiter.

Aber wir entwickeln, gerade in unserer modernen freien Welt, Bedürfnisse, die weit über die Notwendigkeit des Überlebens hinaus gehen (Mode, Schmuck, alle Formen von Sportarten, Freizeitgestaltungen und so weiter).

Alles zusammen ergibt die Form, in der wir leben.

Damit bei der Gestaltung unserer Lebensform bestimmte Produkte einen Platz finden und wir sie uns ersehnen oder kaufen, werden wir bei der Entwicklung unserer Bedürfnisse manipuliert.

Die Wirtschaft erwartet von uns, dass wir bestimmte Bedürfnisse haben und vermittelt uns diese geschickt über die Werbung. Durch die stetige Wiederholung glauben wir, dass die Bedürfnisse wirklich unsere eignen wären, ersehnen sie uns und kaufen sie schließlich.

Es ist aber nicht nur die Wirtschaft, die dieses Ziel der Manipulation verfolgt und die einen Gewinn daraus zieht. Die Politik klinkt sich ebenfalls in das System ein, macht sich ihrerseits abhängig von der Wirtschaft und spielt ihr per Gesetz die erleichternden Gesetzesgrundlagen zu. Das beste Beispiel ist die derzeitige Situation mit den Dieselfahrzeugen. Eine Hand greift in die andere, wie bei einem perfekten Abkommen. Dieses Abkommen trägt den Namen: „Lobbyismus“.

Wer legt in „diesem Spiel” eigentlich die Spielregeln fest? Wer ist Sklave und wer König?

Zunächst scheint es einmal klar auf der Hand zu liegen:

Wir, die Käufer haben materielle Bedürfnisse und wollen diese befriedigen. Also sind wir dankbar, dass es ausreichend Angebote dafür gibt und wir das

Geld haben, sie uns zu kaufen. Mit aller Freiheit, mit der Möglichkeit, uns zuvor ausreichend über das Angebot informiert zu haben, damit es auch ja unseren individuellen Ansprüchen entspricht, ziehen wir in die Kaufhäuser oder im Internet los und befriedigen unsere Bedürfnisse.

Der Kunde ist König! Die Frage scheint beantwortet.

Soweit, so gut. Das kling selbstbestimmt und frei. Das ganze nennt man: „freie Marktwirtschaft". Problem dabei ist nur, dass die Informationen, die wir nutzen, sich in ausgetüftelter Art und Weise darauf spezialisiert haben, uns ins bestimmte Richtungen zu lenken und unsere Auswahl so zu beeinflussen. Und es geht noch viel weiter: Eigentlich beginnt der Prozess schon vorher, bei der Entstehung meiner Bedürfnisse nach materiellen Dingen. Auch hier wissen sich Politik und Wirtschaft geschickt einzuklinken und mitzumischen. Wir glauben, ganz frei unsere Bedürfnisse in uns gefunden zu haben und befriedigen diese durch unseren Kauf. In Wirklichkeit reagieren wir oft nur auf das, was von uns erwartet wird und halten es für unsere freie Entscheidung. Sind wir also die Sklaven des Konsums?

Wie denn jetzt? Es kann doch unmöglich beides zutreffen, König und Sklave zugleich?

Doch, das funktioniert, indem uns glaubhaft vermittelt wird, König zu sein, wenngleich wir eigentlich die Sklaven sind. Und alle Beteiligten halten sich dabei an festgelegte Spielregeln.

Zunächst sehen die Spielregeln so aus:

1. Die Wirtschaft reagiert auf die Bedürfnisse der Kunden und produziert, was gewünscht ist.
2. Die Politik unterstützt die Wirtschaft dabei und schafft dafür die Gesetze.
3. Der Kunde erfüllt sich sein Bedürfnis.

In Wirklichkeit spielen sich hinter den Kulissen andere Spielregeln ab:

1. Die Wirtschaft entwickelt Bedürfnisse für die Kunden.
2. Die Wirtschaft erhält die Unterstützung der Politik, indem diese die dafür erforderlichen Gesetze festlegt.
3. Die Wirtschaft produziert die Produkte, nach denen die Kunden sich sehnen sollen.
4. Die Wirtschaft informiert den Kunden darüber, welche Bedürfnisse er oder sie haben werden.
5. Der Kunde reagiert darauf, entwickelt das Bedürfnis nach dem Produkt und kauft es sich.

Du siehst, es gibt nur minimale Unterschiede zwischen den offensichtlichen und den verdeckten Spielregeln. Aber deren Einfluss ist nicht unerheblich.

Und bei den ersten Spielregeln stimmt der Satz: „der Kunde ist König", während bei den zweiten Spielregeln der Satz zutrifft, „der Kunde ist Sklave".

Der Trick ist, dass die Wirtschaft und die Politik den Kunden glauben lassen, sein Bedürfnis nach materiellen Dingen sei aus ihm selber erwachsen.

Tragisch ist bei alledem, dass ich mit der Darstellung des Systems kein Geheimnis aufgedeckt habe. Vermutlich hast du einfach nur dabei genickt, als du die Zeilen eben gelesen hast. Es war dir weder neu noch unbekannt. Früher, in Zeiten, als die Medien noch nicht so weit waren wie heute, vor dem Beginn des Internets, da konnte man vielleicht der Überzeugung gewesen sein: „Ach wenn die Bevölkerung dieses korrupte Spiel doch nur erfahren könnte, dann…".

Ja, was dann? Machen wir uns nichts vor, dieses abgekartete Spiel zwischen der Wirtschaft und der Politik kennt heute jedes Kind. Damit kann man niemanden mehr schockieren oder aufwühlen. Dieser Umstand macht es noch tragischer, dass es jeder weiß und es trotzdem funktioniert. Heute ist die Politik oft nur noch die Marionette der strategischen Wirtschaft geworden. Das Tragische daran ist nicht, dass es dieses System gibt. Das Tragische daran ist, dass wir das System bis in die Wurzeln kennen und wir uns trotzdem nicht genug dagegenstellen. Weder die Wirtschaft noch die Politik werden daran etwas ändern. Wenn wir darauf warten, können wir noch lange warten und uns dabei ausnehmen lassen.

Minimalisten jeglicher Art sind Feinde dieses Systems!

Sie sind regelrechte Spielverderber!

Minimalisten vertauschen eigenmächtig die Regeln dieses abgekarteten Spiels in ihrem eigenen Sinne:

1. Der Kunde hat ein Bedürfnis.
2. Der Kunde vermittelt dieses Bedürfnis der Wirtschaft und der Politik.
3. Politik und Wirtschaft reagieren auf das Bedürfnis des Kunden und produzieren das Produkt.
4. Der Kunde kauft sein gewünschtes Produkt.

Dabei ist die Sachlage klar: der Kunde hat die Macht über seine Bedürfnisse und darüber, was die Wirtschaft produziert.

Das, was wir derzeit leben, sind verzerrte Machtverhältnisse.

In Wirklichkeit haben die Politiker und die Wirtschaft nur genau so viel Macht über uns, wie wir ihnen zugestehen. Nicht mehr und nicht weniger.

Und diese verzerrten Machtverhältnisse kann nur einer ändern: DU!

3. Zwei handfeste Gründe, sein Leben konsequent zu verändern

„Verantwortlich ist man nicht nur für das, was man tut, sondern auch für das, was man nicht tut."

Laozi

Es gibt zwei bedeutende Gründe, das eigene Leben konsequent zu verändern.

Der erste lautet:

„Ich bin unzufrieden mit mir und meinem Leben!“

Klar, das ist für jeden ersichtlich, jeder schlechte Umstand sollte sich schleunigst zum Guten verändern. Und das am besten aus einem eigenen Entschluss und aus eigener Kraft und Möglichkeit.

Tatsächlich ist es so, dass die meisten Lebensveränderungen aus Not heraus erwachsen. Leider ist es in der Not aber so, dass wir uns in einer geschwächten Ausgangssituation befinden und dadurch unsere Handlungskräfte nicht im vollen Ausmaß nutzen können. Es sei denn die Not ist so groß, dass sie zur Angst wird und daraus Überlebenskräfte erwachsen. Diese Kräfte lassen uns dann im besten Fall entweder fliehen oder den Gegner angreifen.

Aber eine Not in diesem Ausmaß verspüren wir im Alltag zum Glück selten.

Wer oder was, außer eigener Not, könnte mich denn sonst noch impulsieren, damit ich mein Leben ändern will?

Da gibt es zum Beispiel die „Fremdimpulse”. Diese müssen nicht immer aus einer Not heraus erwachsen. Ein gutes Gespräch, mit einem besonderen Menschen kann so einen Fremdimpuls in uns auslösen. Ich kann so tief beeindruckt von dem anderen sein, dass ich dieses Fremde, dieses Andersartige für mein eigenes Leben anstrebe. Genau so kann es uns mit Erlebnissen auf einer Reise in die Fremde, in ferne Länder oder andere Kulturen gehen. Auch sie können eindrückliche Fremdimpulse in uns hinterlassen. Weitere Impulse von außen können durch gesellschaftliche Verhaltensweisen entstehen, wie das Abspecken nach Weihnachten oder der Sport am Jahresbeginn.

Es gibt bei den Fremdimpulsen unzählige Varianten und Möglichkeiten.

Allerdings haben die meisten von ihnen eines gemeinsam, nämlich, dass sie nicht lange bei uns bleiben. Wir verlieren sie nach kurzem wieder, so tief beeindruckt wir auch zuvor davon waren. Das ist die Eigenart von Fremdimpulsen: Sie können uns ergreifen, aber sie verblassen nach kurzer Zeit wieder wie Seifenblasen. Trotzdem gehören Sie auch zur Kategorie: „Ich bin unzufrieden mit meinem Leben".

Der zweite Grund, sein Leben konsequent zu verändern lautet:

„Ich bin total zufrieden mit mir und mit meinem Leben!"

Hey, was soll das, weshalb sollte ich etwas ändern wollen, das gut ist. Ich bin doch nicht blöd! Eigentlich neigen wir dazu, alles Gute so lange wie möglich zu erhalten.

Schauen wir uns das Phänomen mit den eigenen Impulsen einmal näher an:

Zunächst erscheint es so, dass unser Leben alleine davon abhängt, in welcher Zeit, an welchem Ort und in welche Familie wir geboren werden. Ob wir Glück oder kein Glück hatten, ob unser Schicksal gnädig zu uns war oder ob wir vom Pech verfolgt werden.

In Wirklichkeit ist es so, dass diese Umstände nur die äußerste Hülle unseres Lebens berühren.

Sicherlich kommt von allem etwas dazu, aber wirklich entscheidend ist etwas ganz anderes für unser Leben: ein Impuls im Herzen, der uns voran treibt, der uns Mut schenkt.

„Impuls" ist so ein kleines und unbedeutsam erscheinendes Wörtchen. Aber ein Impuls kann eine Macht in unserem Leben entwickeln, wie kaum etwas anderes. Ein Impuls ist in der Lage, unser Leben entgegen aller Regeln und Einschränkungen vollkommen neu zu formen, zu verändern. Mehr noch als Glück oder Geld. Ein Impuls, wenn er richtig wahrgenommen und ausgelebt wird, ist geradezu unabhängig von allen äußeren Gegebenheiten. Wie ein Gesetzloser schafft er sich seine eigene Wirklichkeit, ungeachtet dessen, was ihm sein Leben vorschreibt. Er entfaltet Mut, er setzt sich in Bewegung, auch wenn alle Vernunft dagegen spricht zu gehen.

Ein Impuls lebt sich! Ganz egal was die gesamte Welt darüber denkt. Ein Impuls kann unlogisch oder unpraktisch sein, unbequem oder gefährlich. Ein Impuls kann die Form, die Gestalt und die Richtung eines vollständigen Lebens ändern und neu ausrichten.

Willst du dein Leben im Hinblick auf Minimalismus jetzt also verändern, gibt es die Möglichkeit, dass du von einem Fremdimpuls berührt wirst, der dich antreibt. Vielleicht berührt dich eine Ansicht oder eine Aussage in diesem Buch so, weil sie neu für dich war, dass dadurch ein Fremdimpuls in dir geweckt wurde. Aber dann wird dieser Impuls vermutlich nicht so lange bei dir bleiben, sodass du dein Leben oder einen Teilbereich wirklich konsequent ändern wirst.

Willst du dein Leben effektiv minimieren und verändern, fassen wir lieber diejenigen Fremdimpulse ins Visier, welche deine eigenen Impulse berühren.

Und natürlich deine Impulse.

Beide sind nachhaltiger und ausdauernder. Und du hast den leichtesten Zugang zu deinen Impulsen, in Zeiten, in denen du dich wohl fühlst.

Wie du deine eigenen Impulse im Hinblick auf Minimalismus finden kannst, liest du in den folgenden Kapiteln.

4. Sechs Schritte, um Veränderungen im Leben erfolgreich durchführen zu können

„Wenn du eine Blume magst, pflückst du sie. Aber wenn du eine Blume liebst, gießt du sie täglich."

Buddha

Dieses Buch ist ein Arbeitsbuch. Es ist eine handfeste Anleitung, wie du deine Minimierungs-Arbeit effektiv und gezielt umsetzen kannst.

Im Folgenden stelle ich dir mein Vorgehens-Konzept aus sechs Schritten näher vor, wenn du dein Leben im Hinblick auf Minimalismus bleibend verändern möchtest.

Dieses Kapitel trägt nicht grundlos den Titel: *„Sechs Schritte, um VERÄNDERUNGEN im Leben erfolgreich durchführen zu können“*. Eigentlich handelt das Buch doch vom MINIMIEREN. Weshalb ist der Begriff VERÄNDERUNG bei der Technik jetzt so in den Vordergrund gerutscht?

Das hat zwei Gründe: zum einen bedeutet jede Form von Minimieren eindeutige Veränderungen im Leben. Minimieren ohne Veränderung gibt es nicht. Die beiden gehören wie siamesische Zwillinge untrennbar zusammen.

Der andere Grund ist, dass du mit meinem Sechs-Schritte-System auch jede andere Veränderung in deinem Leben in Angriff nehmen kannst. Du erhält dadurch ein Werkzeug, ein Tool, wie man modern dazu sagen würde, das dir mit System und Klarheit hilft, jede beliebige Änderung im Leben durchzuführen und umzusetzen.

Das ist meine Zugabe an dich. Das System macht dich fit für jede Veränderung in deinem Leben und sie ist immer anwendbar.

Das System ist extra so angelegt, dass du zuerst einmal beim **ersten Schritt**, dem Gedankenwasserfall, alle Emotionen aus dem Thema bewusst heraus filterst und offen und frei nach außen schaust. Fast wie ein unbeflecktes Kind, das unberührt in die Welt blickt. Noch nicht manipuliert, nur interessiert. Dieses ganze Material, das du beim Gedankenwasserfall sammelst, sackt in die Tiefe deines Bewusstseins. Kennst du die Souvenierspielzeuge mit dem aufgewirbelten Schnee, die „Schneekugeln”? Den Kölner Dom zum Beispiel, der in einem Kuppelplastikkästchen steht. Schüttelt man das Spielzeug, wirbelt eine Menge Schnee um den Kölner Dom, dass man ihn kaum noch sehen kann. Schaut man dem hübschen Wirbeln eine Weile zu, legt der Schnee sich nach und nach und es kehrt eine angenehme Ruhe und Sortierung in das Kästchen. Genau in der Art kannst du alle Informationen zu deinem Thema, das du dir jeweils beim Minimieren vorknöpfst, in dir aufwirbeln und dann zur Ruhe kommen lassen. Zunächst ohne Ziel, einfach als froher Zuschauer.

Beim **zweiten Schritt**, der Suche nach deinem ganz individuellen Impuls, also deinem Antrieb, ist die Blickrichtung nach innen gerichtet. Dieser Schritt ist ungemein wichtig, da du dir dabei bewusst die Atempause zugestehst, zur Ruhe zu kommen, und dich nicht ablenken oder von fremden Impulsen mitreißen lässt. Jetzt kommst du – im Gegensatz zum ersten Schritt – in aller Stille zu dir, besinnst dich deines eigenen Impulses und greifst diesen für dein weiteres Vorgehen auf. Es ist extrem wichtig, dass du dich mit deinem Impuls verbindest. Er wird dir als treuer Freund die ganze Zeit der Veränderung zur Seite stehen, selbst wenn der Alltag wieder auf dich einrauscht oder die fremden oder eigenen Geister dich von deinem Ziel abbringen wollen. (Dazu später noch mehr.) Er wird dein Fels in der Brandung sein, dein bester Freund und Ratgeber. Keiner wird dich besser beraten als er, dein innerster Impuls. Wenn du ihm vertraust, kannst du nicht in die Irre laufen. Bei ihm bist du sicher. Wichtig ist nur, dass du dir seine Nähe sicherst. Aber auch dazu später mehr.

Bei deinem **dritten Schritt** wendest du dich zuerst wieder nach außen. Du machst dich wach und sensibel für alle, die etwas gegen dein Vorhaben des Minimierens und des Veränderns haben. Klingt komisch, aber glaube mir, da gibt es mehr als genug, die das wollen. Es werden ganze Armeen aktiviert, dich von Veränderungen im Leben abzubringen.

Nicht zu vergessen, die Gegner aus deinem Inneren, die jegliche Form von Veränderung hassen. Mit deinem neuen Freund im Handgepäck, deinem Änderungsimpuls, trittst du deinen Gegnern von außen und von innen mutig entgegen. Ihr seid schon mal zu zweit bei dem Kampf um Veränderung.

Sobald du wahrnimmst, wie viele Gegner deiner Minimierung entgegen stehen, könntest du denken, dass es keinen Zweck hat, das anzugehen. Um dir dabei Mut zu machen möchte ich dir einen Satz des Dalai Lama mit auf den Weg geben:

„Wenn du denkst, du bist zu klein, um etwas zu bewirken, dann versuche einmal in einem Raum zu schlafen, in dem ein Moskito ist."

Dalai Lama

Beim **vierten Schritt** deines Vorhabens, dein Leben zu minimieren, geht es ausschließlich um praktische Vorbereitungsübungen. Dieser Schritt heißt: „Sich stark machen für Veränderungen". An dieser Stelle bringst du deine Informationen von außen sowie deine Empfindungen und Erfahrungen zusammen. Es gibt eine große Party unter den dreien. Sie lernen sich kennen, werden miteinander vertraut und dein Impuls bekommt einen kräftigen Schubs durch jede praktische Übung. Und die Übungen werden dir vermutlich große Freude machen. Du lernst dich, deine Umgebung und deine Mitmenschen unter anderen, neuen Gesichtspunkten kennen und du erfährst, neu mit Situationen umzugehen. Dies ist ein ungemein wichtiges Werkzeug bei jeder Veränderung im Leben.

Viele würden sagen, der **fünfte Schritt**, das: „Handeln und Ändern", sei der eigentliche Minimierungsprozess. Ich sehe das nicht so. Ich sehe in den vier Vorschritten die entscheidenden Grundlagen, diesen fünften Schritt überhaupt durchführen zu können. Wenn du beim fünften Schritt beginnst, ohne die Erfahrung der vier anderen, wird dein dauerhafter Erfolg mit großer Wahrscheinlichkeit ausbleiben.

Am Ende des Minimierungsprozesses geht es darum, nach dem aktiven Handeln Vorkehrungen zu treffen, sodass deine Veränderungen und

Minimierungen nicht im Laufe der Zeit von Routine und Alltag wieder verschluckt oder aufgehoben werden. Das lernst du im **sechsten Schritt** deines Minimierungsprogrammes, dem „Im-Fluss-Bleiben".

Auf geht's, beginnen wir mit dem ersten Schritt!

5. Der I. Schritt: Der Gedankenwasserfall

„Wenn du es eilig hast, mache einen Umweg."

Aus dem Zen-Buddhismus

Bei dem Gedankenwasserfall vertiefst du dich in ein bestimmtes Thema, das du gerne in deinem Leben minimieren möchtest. Ab Kapitel dreizehn des Buches habe ich Vorschläge für klassische Themen zum Minimieren angeführt und meine eigenen Gedanken für dich vorbereitet. Aber sei dir bewusst, du bist ein vollkommen freier Mensch! Gerade auch bei der Arbeit des Minimierens. Es gibt keine vorgeschriebenen Themen, die du minimieren solltest oder müsstest. Es liegt ganz bei dir. Vielleicht knöpfst du dir nur ein einziges Lebens-Thema vor. Vielleicht ist es ein ganz eigenes, individuelles, das hier im Buch gar nicht aufgeführt ist. Vielleicht machst du dir eine individuelle Themenzusammenstellung, vielleicht ist es dir wichtig, dein gesamtes Leben bis in die Wurzeln vollständig umzukrempeln und zu verändern. Es gibt kein Richtig oder Falsch. Es liegt ganz bei dir.

Entscheide dich zunächst für ein Thema, das du minimieren möchtest. Zum Beispiel das Thema Ernährung und Gesundheit. Wenn du deinen Gedankenwasserfall zu diesem Thema rauschen lässt, mache alle Türen dafür auf. Dafür ist eine neutrale Haltung das Wichtigste. Hier geht es nicht darum, die Dinge, die du zu dem Thema sammelst, zu bewerten oder zu beurteilen. Umso neutraler du dabei bist, desto hilfreicher und effektiver wird die Wirkung dieses Schrittes für dich sein. Interessiere dich für alles, was du zu dem Thema findest. Folge diesem Thema, sobald es dir über den Weg läuft, in Gesprächen, in Filmen, Büchern, Zeitschriften, im Internet oder Fernsehen. Lasse dein Leben sich eine Zeit lang verschärft um das Thema Ernährung und Gesundheit drehen. Mache es zu deinem gegenwärtigen Fokus.

Ein Goldschürfer hat zunächst einmal nur einen Haufen Schlamm oder Erde in seinem Schürfersieb. Den Wert, das Gold, muss er durch viel Mühe und Arbeit aus dem Schlamm oder der Erde herausfiltern. Sobald der Goldsucher zu Anfang sagt: „das ist doch alles wertloser Schlamm", wird er vollkommen erfolglos bleiben.

Suche also deine ganz eigenen Goldkörner zu einem bestimmten Thema heraus, indem du erst einmal alles ins Sieb legst, was du dazu findest. In den

Kapiteln zu den jeweiligen Minimalisierungsthemen habe ich für dich schon einmal eine ganze Fülle an Informationen gesammelt und zusammen getragen. Nimm dies als Basis, als Grundstock für deine eigene Sammlung und erweitere sie. Sobald du deine Informationen beim Sammeln schon vorfilterst, nimmst du dir zu einem großen Teil die Chance, deine eigenen Goldkörner zu finden, die sich vielleicht in einer Handvoll Schlamm verbergen und erst nach der dritten Auswaschung sichtbar werden.

Eine offene Haltung ist gesund, wenn du etwas Neues in deinem Leben finden möchtest. Und das willst du ja, sonst wolltest du nichts ändern. Kinder sind uns darin die besten Lehrmeister. Sie haben von Natur aus eine vollkommen offene und interessierte Haltung. Das ist die Grundvoraussetzung für jedes Lernen. Diese angeborene Offenheit wird im Laufe der Zeit oft niedergedrückt und kaputt gemacht. Ich finde, dass einige Schulformen einen nicht unerheblichen Teil beim Zerstören des angeborenen Interesses bei Kindern beitragen. Das Interesse an allem Unbekannten ist bei den Kindern so groß , dass es schon ein halbes Kunstwerk ist, dieses abzuschwächen. Ich bin kein Schul-Feind. Aber ich kann nicht begreifen, wie die Freude am Lernen in manchen Schulen so nieder gemacht wird. Freude beim Lernen ist die halbe Miete, sie ist ein Magnet, der den wissbegierigen immer weiter zieht. In der Regel geht Freude am Lernen nicht kaputt oder muss künstlich erzeugt werden, sondern sie lässt immer neue Freude, immer größeres Interesse entstehen. Wie ein „Wissens-und Freudens-Perpedo-Mobile“.

Wecke also deine Freude an einem eignen Lebensthema in dir und tauche dann in das Thema hinein. Immer tiefer und tiefer. Verbinde dich für eine Weile ganz mit der Thematik, lese, recherchiere, spreche darüber. Finde neue interessante Informationen und Gesichtspunkte zu dem Thema. Vielleicht findest du Informationen dazu, die dich vollkommen erstaunen oder verwundern. Vielleicht hattest du zuvor eine klare Meinung zu dem Thema, die sich im Laufe deiner Recherche vollständig verändert oder ins Gegenteil gestülpt hat. Schau dir das alles mit wachsendem Interesse an, wie bei einem tollen Schauspiel auf der Bühne vor deinen Augen.

Und wenn du alles genug in dir aufgewirbelt hast, wenn dir die Schneeflöckchen nur so um die Ohren sausen, dann bleibe einen Augenblick ruhig, bis sich die Unruhe gelegt hat.

Danach kommt der nächste Schritt, bei dem du heraus finden kannst, wie wichtig dir eine bewusste Gestaltung und Minimalisierung dieses Themas ist.

6. Der II. Schritt: Deinen Impuls finden

„Das Glück liegt in uns, nicht in den Dingen."

Buddha

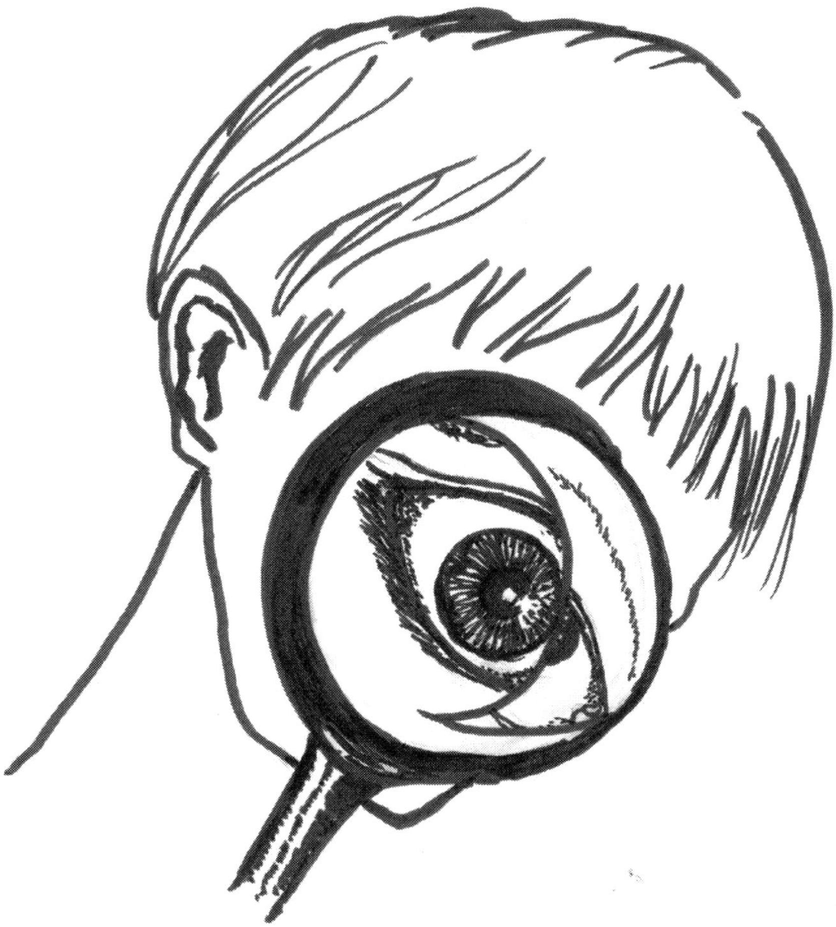

Über den Hintergrund von Impulsen habe ich mich im letzten Kapitel schon ausführlich ausgelassen. Jetzt soll es darum gehen, wie du deinen eigenen Impuls im Hinblick auf ein bestimmtes Lebensthema in dir findest, damit die nächsten Schritte des Systems erfolgreich von dir umgesetzt werden können.

Entgegen des ersten Schrittes, bei dem du alles von außen in dich aufgenommen hast, geht es jetzt darum, dass du in dich hinein, nach innen schaust. Wir sind reflexartig daran gewöhnt, uns am Außen zu orientieren und unsere Blickrichtung immer wieder dorthin zu lenken. Es braucht etwas Übung und Geduld, wenn wir bewusst nach innen schauen wollen.

Bevor du das Thema für dich angehst, nimm dir ausreichend Zeit und suche einen Ort auf, an dem du dich gerne aufhältst. Gestalte diesen Augenblick von außen nach innen so, dass du dich rundum wohl fühlst. Es ist wichtig, dass du alle Möglichkeiten nutzt, die dir ein behagliches Gefühl geben. Sorge erst dafür, dass du bei deiner „Innenschau-Arbeit" nicht gestört werden kannst. Schalte das Telefon oder das Handy auf lautlos. Spreche so intensiv wie möglich alle deine Sinne an. Sie sind dir ein hilfreicher Wegbegleiter auf dem Weg zu deinen inneren Impulsen. Sie haben eine intensive, eine verstärkende Wirkung bei der Blickrichtung nach innen.

Schaffe ein schönes Licht im Raum durch den Schein einer Kerze oder einer Salzkristallleuchte. Verwöhne deine Ohren durch das Plätschern eines Zimmerbrunnens oder durch eine ruhige meditative Musik. Locke deine Nase durch einen guten Duft, eine Duftkerze oder ein Räucherstäbchen.

Die Beispiele zur Gestaltung der äußeren Situation beim Finden deiner Impulse sind nur als eine Möglichkeit und Idee zu verstehen. Eine wunderschöne Waldlichtung mit Sonnenschein und Vogelgezwitscher ist genauso gut, wie der oben genannte Vorschlag an einem behaglichen Ort im Raum. Umso mehr die Gestaltung der Situation dein Wohlgefühl anspricht, desto besser funktioniert es.

Wenn du das Empfinden hast, dass die von dir gestaltete Atmosphäre stimmt und sich gut anfühlt, kann es los gehen.

Jetzt stelle dir die Frage:

„Wie wichtig ist mir die eigene Gestaltung dieses Lebensthemas?“

An dieser Stelle ist äußerste Ehrlichkeit von dir gefordert. Du hast bei jeder Frage das Recht darauf, dass dich die Gestaltung eines Themas nicht interessiert und dass du hier keine Mühe aufwenden möchtest. Es gibt keinen Zwang zur Veränderung! Wichtig ist, dass das Ergebnis deiner freien Entscheidung entspricht, mit der du dich verbindest.

Prüfe, welche der unten aufgeführten Antworten im Hinblick auf die gestellte Frage deine ist:

Antwort 1: Nicht wichtig!

Ich lasse es bewusst laufen und nehme in Kauf, dass andere sich um die Gestaltung dieses Themas in meinem Leben bemühen könnten.

Diese Antwort nenne ich „BEWUSSTES LOSLASSEN“. Indem du die weitere Entwicklung mit dem Thema bewusst frei lässt, bist du nicht Opfer, sondern Gestalter. Das Loslassen ist dein Entschluss.

Die nächste mögliche Antwort auf deine Frage: „wie wichtig ist mir die eigene Gestaltung dieses Lebensthemas“ lautet:

Antwort 2: Mal so, mal so!

Ich werde dann aktiv, wenn mir danach ist. Ich nehme in Kauf, dass es immer wieder neue Mühe kostet, den Motor neu in Schwung zu bringen und dass Andere meine gestaltungsfreie Zeit in meinem Leben in ihrem Sinne nutzen könnten.

Diese Antwort nenne ich : „DEN GÜNSTIGEN AUGENBLICK NUTZEN“. Du trittst gelegentlich mit deinem inneren Gestaltung- oder

Änderungsimpuls in Kontakt. Das Thema ist dir nicht gleichgültig, aber auch nicht brennend wichtig. Auch hier ist bedeutend, dass du diese Entscheidung bewusst triffst und dich nicht als Opfer empfindest.

Kommen wir zur dritten möglichen Antwort:

Antwort 3: Wichtig!

Ich gebe mir täglich Mühe dran zu bleiben und den Motor am Laufen zu halten.

Diese Variante nenne ich „MEINE SELBSTDISZIPLIN“. Es wird deutlich, dass dir das Thema wichtig ist und dass du bereit bist, dafür dauerhaft Energie aufzuwenden, selbst wenn es dir nicht immer leicht fällt.

Die vierte mögliche Antwort auf deine Frage lautet:

Antwort 4: Unumgänglich!

Ich gestalte mein Leben in diesem Punkt auf jeden Fall selber. Hier hat kein anderer etwas verloren!

Ich nenne diese Antwort: „VOLLE KRAFT“. Sobald du auf diese Antwort in dir triffst, kannst du davon ausgehen, dass du in direkten Kontakt mit deinem innersten Impuls gestoßen bist und dir dieses Thema so wertvoll und so bedeutend ist, dass daraus eine eigene Energie, ein eigener Magnet entsteht, der vielleicht sogar bei anderen Menschen in deinem Umfeld einen Fremdimpuls setzen kann.

Ich empfehle dir, selber vier Karten, wie Spielkarten für diesen Prozess anzufertigen. Das erleichtert den wiederkehrenden Umgang mit den Fragen für andere Lebensbereiche. Mache dir bewusst, dass du mit einer Antwort nicht auf ewig festgelegt bist. Du bist dein eigener Chef. Mache dir deine

Freiheit immer wieder bewusst. Das ist für jede Veränderung essentiell wichtig. Solltest du heute auf die Antwort kommen, dass es dir nicht so wichtig ist, kann es sein, dass dir zu einem späteren Zeitpunkt der Impuls mitten aus deinem Herzen entspringt. Das bedeutet nicht, dass du wie ein Fähnchen im Wind wehst, sondern, dass du dich immer wieder mit deinem freien Anteil in Kontakt bringst. Meist wird die Antwort aus dir sehr heraus eindeutig ausfallen. Vertraue dir!

Fertige also vier Karten mit folgenden Aufschriften an:

Vorderseite **erste** Karte.

Nicht wichtig!

„BEWUSSTES LOSLASSEN“

Rückseite erste Karte:

Ich lasse es bewusst laufen und nehme in Kauf, dass andere sich um die Gestaltung dieses Themas in meinem Leben bemühen könnten.

Vorderseite **zweite** Karte:

Mal So, mal so!

„DEN GÜNSTIGEN AUGENBLICK NUTZEN“

Rückseite zweite Karte:

Ich werde dann aktiv, wenn mir danach ist. Ich nehme in Kauf, dass es immer wieder neue Mühe kostet, den Motor neu in Schwung zu bringen und dass andere meine gestaltungsfreie Zeit in meinem Leben in ihrem Sinne nutzen könnten.

Vorderseite **dritte** Karte:

Wichtig!

„MEINE SELBSTDISZIPLIN“

Rückseite dritte Karte:

Ich gebe mir täglich Mühe dran zu bleiben und den Motor am Laufen zu halten.

Vorderseite **vierte** Karte:

Unumgänglich!

„VOLLE KRAFT“

Rückseite vierte Karte:

Ich gestalte mein Leben in diesem Punkt auf jeden Fall selber. Hier hat kein anderer etwas verloren.

Mit den Karten wird dieser wichtige und wertvolle Schritt der eigenen Impulsfindung spielerisch und macht Freude. Die Vorderseite trägt deinen verdichteten Impuls, auf der Rückseite kannst du noch einmal die Auswirkungen deiner Entscheidung nachlesen. So kannst du jedes Thema mühelos angehen und herausfinden, wo dein innerer Impuls dabei liegt. Natürlich ist das System auch auf jede andere Frage übertragbar.

Du kannst diese Karten nutzen, um generell herauszufinden, wie wichtig es dir ist, ein Thema anzugehen. Das heißt, du klärst mit Hilfe der Karten, ob du dein Thema generell minimalisierend bearbeiten möchtest. Darüber hinaus kannst du Karten aber auch für Unterthemen und für Teilbereiche von Themen einsetzen. Willst du beispielsweise deine Beziehungswelt neu strukturieren, kannst du dich zunächst mit den Karten nach deinem generellen Impuls zu diesem Thema befragen. Im zweiten Schritt kannst du in dir klären, wie dein weiterer Kontakt zu deinem alten Bekannten Friedrich oder zu deiner Oma Else weiter verlaufen soll.

Im folgenden Kapitel wenden wir uns dem dritten Schritt, der Konfrontation mit den Veränderungsgegnern, zu.

7. **Der III. Schritt:** Den Gegner ansehen und entgegentreten

„Angst klopfte an. Vertrauen öffnete. Keiner war draußen."

Chinesischer Aphorismus

Gespenster? Beim Bestreben das eigene Leben zu minimieren?

Oh ja, es gibt unzählige Gespenster in unserem Leben, die jegliche Form von Veränderung hassen! Und sie werden wach und aktiv, wenn es darum geht, diese Veränderungen verhindern zu können. Minimieren bedeutet das Leben zu verändern und das können sie auf den Tod nicht ausstehen.

Keine Sorge, ich fange jetzt nicht an zu spinnen, wenn ich in diesem Zusammenhang von Gespenstern spreche.

Es gibt eine ganze Reihe von Kräften in und um uns, die geweckt und aktiv werden, ohne dass ich sie darum bitte oder dass sie mich um meine Meinung fragen.

Klar, das sind keine richtigen Gespenster mit Flatterhemd und Rasselkette, wie im Gruselfilm. Aber sie sind nicht weniger gruselig, da sie in meinem Leben ungefragt und ohne meine Erlaubnis handeln.

Es gibt Gespenster, die von außen auf uns zukommen, und Gespenster, die aus unserem Inneren heraus kriechen. Auch wenn sie sich untereinander nicht kennen: Sie arbeiten perfekt zusammen.

„Keine Veränderung" ist ihre gemeinsame Devise und dabei ist ihnen jedes Mittel recht. Sie sind gemein, sie sind hinterhältig, sie nutzen jede Möglichkeit, um uns wieder zurück in vertraute Gefilde zu drängen. Selbst, wenn das Vertraute zuvor nicht gut war.

Das ist schon ein seltsames Phänomen im Leben. Solange wir aktiv und positiv am Leben mitwirken, werden uns die meisten Ziele gelingen, wohingegen „das Nicht-Gelingen" uns sofort entgegen eilt, wenn wir untätig oder negativ sind. Diese beiden Kräfte zwischen positiv und negativ scheinen sich ohne unser Zutun nicht die Waage zu halten, sondern die negative Waage bekommt sofort Übergewicht, wenn wir passiv werden. Das mag jetzt zunächst einmal entmutigend klingen, aber solange das Tun uns Freude macht, ist es doch gar kein Problem.

Außerdem gibt es ein weiteres ungeschriebenes Gesetz in diesem Zusammenhang, welches lautet:

Sobald du etwas mit Aufrichtigkeit und Freude angehst, erhältst du von den „guten Geistern“ dauernd einen Push in die richtige Richtung, also eine ungefragte Unterstützung bei deinem Bestreben.

Diese beiden Gesetze wirken, ob wir davon wissen oder nicht.

Die normalste Reaktion bei der Begegnung mit Gespenstern ist, nach dem ersten Schreck stehen zu bleiben, wegzusehen oder fortzulaufen. Damit überlassen wir ihnen das Handlungsfeld.

Sobald wir aber stehen bleiben, sie furchtlos anblicken und ihnen mutig entgegentreten, erhalten wir Unterstützung von unseren „Veränderungs-Geistern”.

Instinktiv versuchen wir natürlich erst einmal eine unangenehme Begegnung mit „Verhinderungs-Geistern” zu vermeiden. Aber du spielst ihnen mit diesem Vermeidungsverhalten nur zu und verhilfst ihnen zu mehr Macht.

Es ist gut sie zu kennen. Möglichst gut zu kennen. Desto besser wir sie kennen, umso stärker entmachten wir sie. Sie können es auf den Tod nicht ausstehen, wenn sie angstfrei angesehen werden. Das schwächt sie kolossal.

Also, mein Tipp: erst einmal stehen bleiben, sichern Halt suchen und den Feind anblicken.

Wen oder was wirst du dann sehen?

Da gibt es zunächst die von außen kommenden Gespenster in Form der Reize, Verlockungen, den Sinnüberflutungen. Stell dich einmal zur Adventszeit in ein Kaufhaus mit all seinen Lampen, Lichtern, mit dem Flimmern, dem Weihnachtsgedudel aus den Lautsprechern, dem Duft nach frisch gebackenen Waffeln und Lebkuchen und den vielen, vielen verlockenden Geschenken. Und dann halte dir deine Minimalisierungswünsche vor Augen. Da musst du schon ein ganz schön eiserner Crack sein, wenn du dann noch unbeirrt bei deinem Vorhaben bleibst und wenn dich all diese Reize kalt lassen. Und dabei muss man das Gewimmel im Kaufhaus noch nicht einmal mögen, es wird trotzdem seine Wirkung auf dich haben und wird seinen Weg über die Sinne oder über deine alten Kindheitswünsche zu dir finden.

Hier arbeiten viele Helfer perfekt zusammen, damit diese Wirkung bei dir entsteht. Da tauchen sie wieder auf, die Politik und die Wirtschaft, die ihr eigenes Ziel verfolgen: das immer weiter wachsende Wirtschaftswachstum, immer höher, höher, höher. Du spielst dabei eine enorm wichtige Rolle für sie. Sie brauchen dich dringend. Wenn du denkst, sie sprechen dich an, dann achte darauf, ob sie nicht nur mit geschulten und klugen Verkaufstechniken versuchen, dich zum Kauf zu bewegen.

Und glaube mir, sie sind unglaublich klug und geschult. Sie wissen dich zu erreichen. Über die subtilsten Wege. Sie nutzen die gesamte Welt deiner Bedürftigkeit oder deiner Scheinbedürftigkeit.

Mit Bedürftigkeit meine ich die Dinge, die du tatsächlich zum Leben brauchst oder die du jemals in deinem Leben gebraucht oder ersehnt hast. Die Wirtschaft erspürt sie bei dir und setzt dann ihre geschulten Reize. Bevor du auch nur ahnst, dass sie auf dich einwirken wollen, haben sie ihr Ziel meist schon erreicht. Der Pfeil sitzt! Aber es ist nicht Amors Pfeil, den du gerne empfangen hättest, sondern der Pfeil des Abhängigkeitsempfindens. An diesem Pfeil ist eine Schnur befestigt. Das andere Ende der Schnur ist eng und unauflösbar mit dem beworbenen Artikel verbunden. So sind die beiden miteinander verschmolzen. Dein Bedürfnis und der Artikel, dazwischen das Band des Abhängigkeitsempfindens. Klar, jeder, der etwas produziert, will sein Produkt verkaufen. Und nicht jeder hat dabei böse oder rücksichtslose Absichten. Da du das Motiv der Gegenseite niemals eindeutig heraus finden kannst, blicke auf die Wirkung, welche die geschulte Verlockung bei dir auslöst und versuche dadurch dein Kaufverhalten deinen eigenen Wünschen anzupassen.

Bei den Scheinbedürftigkeiten ist das Vorgehen der Werbung noch schwieriger. Hierbei greift sie nicht deine Bedürfnisse und Sehnsüchte auf und bietet dir durch den Kauf ihres Produktes deren Sättigung.

Perfekt geschulte Werbepsychologen der Wirtschaft kennen deine

Bedürfnisse. Aber es gibt kein Produkt, das diese stillen könnte.

Deswegen werden künstliche Verknüpfungen zwischen deiner Sehnsucht und dem zu verkaufenden Produkt gezogen. Ein gutes Beispiel dafür ist die Verbindung zwischen deiner tiefsten Sehnsucht nach Freiheit und Unabhängigkeit und dem Genuss einer Zigarette. Indem die Werbeindustrie durch Bilder und Wörter eine Verbindung zwischen deinem Freiheitswunsch und dem Genuss der Zigarette zieht, glaubst du unbewusst, dass deine Sehnsucht durch den Zigarettenkonsum gestillt werden könnte.

Die Werbung stellt einfach diese Falschbehauptung auf und untermauert diese durch Reize auf deine Sinne: das Sehen, das Hören, das Riechen, das Schmecken und das Fühlen. Zack, die Falle sitzt! Du glaubst diesen Reizen und folgst ihnen.

Und die Werbung scheut sich noch nicht einmal davor, extremste Gegensätze, wie Freiheit und Abhängigkeit einfach miteinander zu verbinden, um daraus einen Gewinn zu schlagen. Im Hinblick auf den Kunden, beziehungsweise auf ihr Opfer, ist dies ein gemeines und hinterhältiges Vorgehen.

Und zu diesen heimtückischen Fallen von außen kommen noch deine eigenen Gespenster dazu. Diese kriechen aus dir heraus, kriechen aus deinen tiefsten Ecken. Sie sind ebenso hinterhältig und gemein zu dir, wie es die Werbung ist.

Sie tarnen sich als Wünsche, als Sehnsüchte, als Sorgen, als Ängste oder als Belohnungen. Sie haben so viele Gesichter. Und wieder läuft deren Zusammenarbeit perfekt. Perfekt gegen dich!

Sie arbeiten sich durch die unterschiedlichen Schichten deines Bewusstseins und deiner Gefühlswelt. Bleiben wir bei dem Beispiel der Entwöhnung deiner Rauchsucht: Du entscheidest dich als langjähriger Raucher gegen das Rauchen. Alles spricht dafür aufzuhören: Zigaretten sind teuer, ungesund, du bist abhängig davon, du riechst unangenehm und so weiter. Dein Entschluss ist klar: „Ich höre auf damit!“

Und dann kommen deine ersten Geister. Zunächst auf der rationalen Ebene. Sie versuchen dich davon zu überzeugen, dass ausgerechnet jetzt der ungeeignetste Moment ist, das Vorhaben anzugehen. Gerade jetzt, wo du doch so viel Stress hast, genau vor der Prüfung. Oder in einer angestrengten Zeit, in der du die Pausen des Rauchens dringend nötig hast. Oder jetzt im Urlaub, da geht es doch nicht ums Kämpfen, jetzt ist Zeit sich zu erholen und zu genießen. Also keinen Stress der Raucherentwöhnung.

Gelingt es dir, diesen Geistern der rationalen Welt durch Willen etwas entgegen zu setzen, dann werden die Gespenster der tieferen Ebene in dir aktiv. Die deiner Emotionen. Schmeckt ein leckeres Essen überhaupt noch ohne die herrliche Zigarette danach? Kann man den Feierabend, den Urlaub, den besonderen Ort noch genießen, ohne den geliebten Schmerz auf der Lunge?

Hältst du diese Angriffe aus, dann sackt es noch eine Ebene tiefer. Das kann sich bis zu dem Gefühl erstrecken: hat man ohne die begehrte Zigarette überhaupt noch Freude?

Für einen Nichtraucher mag das übertrieben klingen. Raucher werden Gedanken und Gefühle dieser Art kennen, wenn sie schon einmal versucht haben, sich diesen inneren Gespenstern zur Verhinderung einer Lebensänderung zu stellen.

Aber es geht ja nicht immer um den Wunsch Nichtraucher zu werden. An diesem Beispiel wollte ich dir nur das heimtückische Vorgehen der Geister erklären, sobald du dich aus einem gewohnten Rahmen heraus bewegen willst.

Und bei anderen Veränderungen suchen ähnliche oder die gleichen Geister den Weg zu dir in der Hoffnung, dich von deinen Veränderungswünschen abzubringen. Es lohnt sich, diese Geister zu erkennen, um auf sie reagieren zu können. Wie du das machst, erkläre ich dir gleich bei den Übungen des nächsten Kapitels. Diesbezüglich lege ich dir insbesondere die Übung „Nicht mit mir!" ans Herz. Wenn du die richtige innere und äußere Haltung deinen Gegnern gegenüber einnimmst, kannst, du deren Konzept komplett durcheinander bringen oder sogar auflösen. Es geht ein Foto im Internet durch die Welt, auf dem die junge Amerikanerin Ieshia Evans in Baton Rouge mit solch einer Entschlossenheit zwei voll ausgerüsteten Polizisten mit Helm, Schlagstock und Schutzkleidung entgegen tritt, dass beide reaktiv vor der zierlichen Frau zurückweichen, als würden sie gegen eine Wand der klaren Entschlossenheit laufen. Die Wirkung des Bildes ist tief berührend und überzeugend. Solch eine eindeutige Haltung hilft dir bei deinem Kampf gegen die Gegner deiner Minimalisierung.

Deine inneren Minimalisierungs-Gegner flüstern dir Sätze ins Ohr. Immer wieder, ohne Pause. Sie flüstern diese Sätze so lange in dein Ohr, bis du sie ihnen glaubst. Nach einer Weile fasst du sie als Realität auf und reagierst dementsprechend darauf. Du stellst deren Richtigkeit nicht mehr in Frage.

<u>Hier sind ein paar Klassiker dieser Sätze der Minimalisierungs-Gegner:</u>

1. *„Bloß keine Veränderung, es war doch bisher alles gut so!"*
2. *„Jetzt ist der falsche Zeitpunkt für eine Veränderung. Vielleicht ein anderes mal..."*
3. *„Morgen ist auch noch ein Tag."*
4. *„Eine Veränderung ist viel zu aufwendig und zu kraftraubend."*
5. *„Das reicht erst einmal an Veränderung, den Rest mache ich später noch fertig."*
6. *„Das könnte ich noch einmal brauchen, das gebe ich nicht ab."*
7. *„Das war so teuer, das kann ich doch nicht wegwerfen!"*
8. *„Das habe ich von einem guten Freund bekommen. Ich würde sein Geschenk missachten, wenn ich es wegwerfe."*
9. *„Oma wäre enttäuscht von mir, wenn sie ihr Geschenk an mich nicht mehr bei mir stehen sieht."*

10. *„Wer weiß, wie es mir in der Zukunft finanziell gehen wird. Vielleicht bin ich dann froh, diesen Gegenstand zu besitzen und nicht neu kaufen zu müssen."*

11. *„Ich will nicht zu der Wegwerfgesellschaft gehören und Wertgegenstände achten."*

12. *„Das schaffe ich einfach nicht."*

Sicherlich werden dir die meisten davon schon einmal über den Weg gelaufen sein oder dir klingeln dabei sogar die Ohren, da dir diese Sätze so vertraut sind. Vermutlich haben deine Minimalisierungs-Gegner sie dir schon tausendfach „eingeflüstert".

Es ist doch wirklich fatal, wenn man diese Sätze einmal aus der Distanz betrachtet und dabei erkennt, wie klug, wie hinterlistig sie auf dich wirken können. Mal setzt die Wirkung der Sätze gezielt unmittelbar an deiner Entmutigung und deiner Schwäche an, mal versucht sie Angst oder Not in dir zu erzeugen. Mal versucht sie den Weg über dein schlechtes Gewissen oder über Schuldgefühle. Wieder ein anderes mal bestärken sie scheinbar deinen begonnenen Mut, Tatendrang und deinen Pack-An-Impuls, aber nur, um dich da abzuholen, wo du bist und dich dann geschickt wieder in die falsche Richtung des Abkommens von deinem Vorhaben umzulenken.

Schluss damit jetzt! Jetzt stärkst du dich mit den Übungen im folgenden Kapitel und nimmst deinen Gegnern dadurch den Saft. Auf geht´s!

8. Der IV. Schritt: Sich stark machen für Veränderungen

Ein junger Mönch fragte den Meister: „Wie kann ich mich nur befreien?"

Der Meister antwortete: „Wer hat dich nur versklavt?"

Aus der Advait-Lehre

Wir wenden uns jetzt dem vierten Schritt auf deinem Veränderungsweg zur Minimierung zu: dem Vorbereiten deiner konkreten Lebensveränderungen.

Üben ist wichtig. Üben ist unerlässlich, wenn man wirklich etwas im Leben verändern will. Sobald ein Veränderungsimpuls nicht durch deinen Willen und durch deine Hände geflossen ist, wird er dich nicht weit tragen.

Wie wertvoll und unerlässlich eine eigene erlebte Erfahrung ist, habe ich einmal am Ende einer Meditationswoche in einem tibetischen Kloster erfahren. Die Gruppe, die zuvor die ganze Woche über nur gemeinsam geschwiegen und meditiert hatte, durfte jetzt am Ende des Kurses die beiden, im Kloster lebenden Mönche, die Lamas, offen befragen. Einer der Kursteilnehmer, ein vielbeschäftigter Geschäftsmann aus einer deutschen Großstadt wandte sich mit folgenden Worten an den Lama: „Das ist ja alles schön und gut mit Ruhe und Versenkung, mit Meditation und innerer Einkehr. Als Mönch in einem buddhistischen Kloster hier in der Einöde oder im Himalaya, fern der Hektik und dem Konsum ist das ganz sicherlich möglich und umsetzbar. Aber ich, der ich in der Großstadt lebe und arbeite, mit dem Stress und mit dem Strom der ewig fordernden Kundschaft, mit der Lautstärke und der Reizüberflutung der Stadt, da geht das einfach nicht. Das kann einfach nicht funktionieren."

Der Kursteilnehmer sah den Lama gleichsam mit einem bittenden, wie mit einem herausfordernden Blick an, wie der das unlösbare Problem wohl für ihn lösen möge. Sicherlich erwartete er ein Scheitern des Mönches bei der Beantwortung seiner Frage.

Der Mönch lächelte nur ruhig und antwortete: „Aber natürlich geht das auch in deiner Situation."

Man konnte förmlich fühlen, wie das Herz des Geschäftsmannes vor Aufregung sprang. Außer sich vor Freude rief er aus: „Sag mir, wie?"

Nach einer kurzen Pause, in der wieder Ruhe eingekehrt war, sagte der weise Mönch: „Ich habe keine Ahnung, wie das in der Stadt funktionieren könnte, denn ich bin ja ein Mönch. Ein Mönch, der in einem Kloster lebt."

An dem schallenden Lachen der ganzen Gruppe einschließlich dem, des Geschäftsmannes war zu erkennen, dass der Fragende die Antwort verstanden hatte.

Damit du das Umsetzen deiner Ziele bei der Minimierung leichter angehen kannst, habe ich einige sehr effektive Übungen für dich aus der Erfahrung meiner therapeutischen Praxis gesammelt. Die Übungen sind so zusammengestellt, dass sie dich auf den unterschiedlichsten Ebenen, in deiner Wahrnehmung, in deiner Sinneserfahrung, in deiner Reaktionen und bei deinen Glaubenssätzen stärken. Und du erhältst durch sie das nötige Rüstzeug, gegen deine eigenen und gegen fremde Gespenster vorzugehen. Das praktische Üben ist ein ganz wesentlicher Teil auf deinem Weg zum Minimalismus. Du kannst eine Übung nach der anderen ausführen oder du suchst sie nach Lust und Laune aus. Oder du schreibst sie auf acht kleine Zettel, mischst diese und wählst nach Zufall blind eine Übung aus. Ich habe dir am Ende jedes aufgeführten Gedankenwasserfalls jeweils klassische Sätze der Veränderungsgegner und dafür passende Übungen aufgeführt. Natürlich musst du dich nicht an diese Empfehlung halten, sondern kannst ganz frei mit den Übungen umgehen.

Jede der Übungen kann nach Belieben oft wiederholt werden. Ihre Wirkung wird dadurch nur noch größer.

Wichtig ist, dass du dir genug Zeit beim Üben lässt. Ein unerfahrener Paraglider, der unbedingt fliegen möchte, wird wenig Lust auf trockene Bodenübungen mit seinem Gleitschirm haben, um sicher damit zu werden. Er will in die Luft, er will fliegen.

Ein erfahrender Paraglider weiß, dass seine vorangegangenen Bodenübungen mit dem Schirm auf einer Wiese ihm eventuell sogar schon das Leben gerettet haben könnten. Und deswegen führt er diese aufmerksam und regelmäßig trotz – oder gerade wegen seiner Erfahrung –

auch in Zukunft weiter aus.

Viel Spaß beim Üben!

Übung 1: „Nicht mit mir!“

Der Lerneffekt dieser Übung ist in dem Wissen begründet, dass stetige Wiederholungen dein Gehirn zum Automatismus anregen. Das heißt, sobald du etwas oft genug wiederholst, nimmt dein Gehirn das dadurch Erlebte als Tatsache auf und sucht die Bestätigung von sich aus immer wieder. Diese Erfahrung setzt sich mehr und mehr fest. Irgendwann musst du dich nicht mehr darum kümmern, sondern dein Gehirn übernimmt das für dich.

Dein Gehirn wurde ohne deinen Willen zum Konsumrausch durch ständige Wiederholungen von der Werbeindustrie missbraucht.

Nutze die Tatsache, dass Wiederholungen dein Gehirn zum Automatismus anregen ab jetzt für und nicht mehr gegen dich.

Für die Durchführung dieser Übung benötigst du eine Packung Trockenerbsen.

Stecke dir morgens eine Handvoll Trockenerbsen in deine rechte Hosentasche. Dann gehe wach und aufmerksam durch den Tag. Sobald du einen Versuch, dich zu manipulieren enttarnst, nimmst du eine Erbse aus der rechten Hosentasche und sammelst sie in deiner linken.

Abends entleerst du die linke Tasche zuhause in ein Glas, stellst dieses an eine Stelle, an der dir das stetige Anwachsen der Erfahrungen durch Ansammeln der Erbsen im Glas sichtbar wird.

Am nächsten Morgen füllst du deine rechte Tasche wieder mit neuen Erbsen auf, die dann sicherlich nach und nach alle in deiner linken Hosentasche landen werden.

Freue dich bewusst jeden Abend über die Ernte deiner täglichen enttarnten Manipulationsversuche.

Die Manipulationsversuche, auf die du dabei stoßen wirst, werden sehr vielschichtig sein. Die Werbung, auf die du fast hineingefallen wärst, der strenge Blick eines anderen, der ein bestimmtes Verhalten von dir erwartet, ein erwartendes Räuspern oder ein gekonnter Augenaufschlag mit einer unausgesprochenen Erwartung an dich, ein bewusstes Zögern, vor einer Antwort, die Möglichkeiten sind unzählbar.

Am Anfang wird es sich für dich noch fremd anfühlen, mit der Zeit wirst du wie bei einem Spiel Freude daran finden und immer mehr entdecken.

Führe die Übung mindestens eine volle Woche lang durch, damit sie ihre Wirkkraft voll entfalten kann.

Übung 2: „Ich kann nicht klagen"

Wenn man in unserer deutschen Sprache genau hinsieht, erkennt man manchmal, dass wir uns unbewusst erheblich häufiger zur negativen Seite des Lebens neigen, als zur positiven. Das erkennt man zum Beispiel an den alltäglichen Antwort-Floskeln: auf die Frage: „Wie geht es dir?": „Nicht schlecht" oder: „Ich kann nicht klagen". Ja verflixt noch einmal, würdest du denn so gerne klagen oder weshalb beklagst du dich, nicht klagen zu können? Ist es nicht viel gradliniger, schöner und passender zu antworten: „MIR GEHT ES GUT!" Manchmal erscheint es so, als wäre es bedrohlich, die Antwort in dieser Eindeutigkeit auszusprechen, selbst wenn es uns gut geht.

In der Medizin wird das Negativ-Phänomen noch deutlicher: Du gehst zum Arzt, weil du eine Krankheit befürchtest und lässt dich diesbezüglich untersuchen. Ängstlich und ungeduldig erwartest du das Untersuchungs-Ergebnis, gehst erneut zum Arzt, der dir dann Freude strahlend erklärt: „Herzlichen Glückwunsch, ihr Untersuchungs-Ergebnis war NEGATIV." Ein Teil in dir ist erleichtert, weil der Arzt dir eigentlich mitteilen wollte, dass du gesund bist. Der andere Teil in dir hat gehört: „Das Ergebnis bezüglich deiner Gesundheit ist NEGATIV."

Ich habe dieser Übung deswegen diesen ironischen Namen „Ich kann nicht klagen" gegeben, um dich für diese unbewusste Negativ-Manipulation zu sensibilisieren. Das Ziel dieser Übung ist natürlich genau das Gegenteil. Die Übung besteht in Folgendem: jedes mal, wenn du dich dabei ertappst, dass du dich von einer negativen Stimmung mittragen lässt, setzt du augenblicklich ein inneres STOPP. Und dann führst du dir DREI Dinge ins Bewusstsein, über die du jetzt in diesem Augenblick, dankbar und glücklich bist. Vielleicht ist es die anhaltende Schönheit deiner Frau, die dich glücklich macht oder deine gegenwärtige Gesundheit und Schmerzlosigkeit, vielleicht deine körperliche Fitness oder das blühende Blümchen am Wegrand oder das Kind auf der Straße, dass dich gerade aus vollem Herzen anstrahlt. Da es in der Regel immer viel mehr Dinge im Augenblick gibt, über die du glücklich und dankbar sein könntest, als unglücklich und undankbar, habe ich das Verhältnis 1:3 in die Übung gesetzt.

Wenn du es einmal ernsthaft einige Tage probierst, wirst du erkennen, wie leicht es sein kann, Freude und Dankbarkeit zu empfinden und wie nahe zunächst das Angebot des Unglücks lag. Führe diese Übung drei Tage lang konsequent durch.

Übung 3: „Mein Auftragsbuch"

Während dir die Übung „Ich kann nicht klagen" deutlich macht, dass uns das Negative oft viel näher liegt als das Positive, zeigt dir die Übung „Mein Auftragsbuch", wie sehr wir im Alltag von dem gegenwärtigen Augenblick abgezogen sind. Unsere Hände führen eine Tätigkeit aus und unsere Gedanken sind längst schon bei der nächsten Aktion. Das ist eine der Fallen, durch die das Gefühl von Hektik, Unzufriedenheit und Stress in uns hinein kommt und sich dort breit macht.

Bereite dir für diese Übung eigene Auftragszettel vor, die du den Tag über zusammen mit einem Stift bei dir hast. Die Auftragszettel sind vergleichbar mit schriftlichen Aufträgen von Handwerkern. Sie tragen die Aufschriften:

Datum:

Aktueller Auftrag:

Auftragsbeginn:

Auftragende:

Unterschrift:

Vor deiner nächsten Tätigkeit im Alltag, zum Beispiel: einkaufen gehen, kochen, putzen, ein Schreiben aufsetzen, ein Telefonat führen und so weiter, fertigst du dir selber deinen Auftragszettel an, den du dann Punkt für Punkt ausfüllst. Erst wenn du deine Unterschrift nach konsequenter Fertigstellung des Auftrages darunter gesetzt hast, wendest du dich dem nächsten Auftrag zu, vorher nicht.

Deine Auftragsdokumentation mag dir zunächst einmal lästig erscheinen. Aber sie ist ein hervorragender Lehrmeister für dich und macht dich wach für die Fallen des alltäglichen Unbewusstwerdens. Man könnte sie auch die „Anti-Multi-Tasking-Aufgabe“ nennen, da sie genau das entgegengesetzte Ziel hat.

Wegen des relativ hohen Aufwandes sollte der Tag für diese Übung passen. Hast du eine stressige Arbeit, dann wünsche ich dir, dass du die Übung auch dort umsetzen kannst, weil sie eine große Lehr- und Heilkraft mit sich bringt, aber das ist oft leider praktisch nicht umsetzbar. Deswegen begrenzen wir die Durchführung der Übung auf einen Tag. Aber an diesem Tag bleibe konsequent damit. Du wirst sehen, dass sie trotz Schlichtheit einen unmittelbaren Aha-Effekt bewirkt.

Sobald du merkst, dass du dich wieder zu stark vom Augenblick wegziehen lässt, wiederhole die Übung für einen weiteren Tag. Fragst du dich, was die Übung mit der Vorbereitung für dein Minimalisieren zu tun hat? Bewusstsein und Minimalismus sind ein Thema. Und dein angestrebtes Minimalisierungsvorhaben wird ohne kristallklares Bewusstsein auf Dauer kläglich scheitern und nur einen Eintagsfliege sein. Nimm dein Ziel ernst, dann machen die Übungen große Freude. Im Übrigen bist du am Abend der Übung vielleicht stolz auf dich, wenn du anhand der Fülle deiner Zettel siehst, wie viele Aufträge du heute erledigst hast.

Übung 4: „Heute nicht nach Schema F“

Auch diese Übung ist von der Idee her schlicht, von der Wirkung oft umwerfend. Bei dieser Übung geht es darum, dass du gewohnte Strukturen und Abläufe im Alltag bewusst neu angehst. Es ist nicht schlimm, wenn die Umsetzung dadurch auch schon einmal länger oder umständlicher werden kann. Die Effektivität der Umsetzung von alltäglichen Aufgaben ist nicht das Ziel dieser Übung, sondern wieder ein Aha-Effekt zum Wach- und Bewusstwerden.

Verändere eingefahrene Gewohnheiten an diesem Übungstag ganz gezielt. Wenn du normalerweise morgens aufstehst und als erstes zur Toilette gehst, dann trete an diesem Tag vielleicht erst einmal vor die Tür ins Freie und mache ein paar tiefe Atemzüge und genieße die frische Luft. Sollte dann normalerweise der Kaffee folgen, dann verwöhne dich heute mit einem koffeinfreien Tag und bereite dir einen warmen Kakao oder einen indischen Milchtee zu. Wenn du dein Frühstück immer am gleichen Sitzplatz einnimmst, entscheide dich heute für einen, auf dem du in der eigenen Wohnung vielleicht noch nie gefrühstückt hast. Wenn du dich zur Arbeit immer mit dem Auto aufmachst, nimm heute zur Abwechslung mal die Bahn und erfahre, wie sich dein Arbeitsweg so für dich anfühlt. Ist dein Weg nur mit dem eignen Auto zu bewältigen, dann fahre heute bewusst einen neuen Weg.

Die Möglichkeiten im Alltag sind so unendlich vielfältig, du wirst dich wundern. Es kann dir wie ein Urlaubstag im Alltag vorkommen, da uns ein Urlaubstag meistens deswegen so entspannt, weil wir dadurch gezwungen sind, von unserm Schema F bei jeder Tätigkeit abzukommen. Das ist Urlaub für die Seele und Nahrung für unser Wachbewusstsein.

Führe diese Übung wenn möglich zwei aufeinander folgende Tage durch. Auch sie bietet sich, wie viele andere der Übungen für Wiederholungen an, weil sie Spaß machen kann und wir uns und unseren Alltag neu kennen lernen.

Übung 5: „Scharfe Sinne, blanker Genuss“

Bei der fünften Vorbereitungsübung zum Minimalisieren deines Lebens geht es um zwei Dinge gleichzeitig: zum einen lenkst du deine Aufmerksamkeit an diesem Tag gezielt auf deine fünf Sinne, das Sehen, das Hören, das Riechen, das Schmecken und das Fühlen. Sie stehen an diesem Tag im Zentrum deines Tuns. Klar, deine Sinne dienen dir immer, jeden Tag, aber heute bedankst du dich bei ihnen, indem du ihnen ganz besondere Aufmerksamkeit schenkst.

Der zweite Teil der Übung besteht darin, dass du an diesem Übungstag immer wieder deinen tiefsten Genuss bei deinen Tätigkeiten suchst.

Die Kombination „Sinne und Genuss“ ist ideal. Theoretisch könnte man auch zwei Übungen daraus machen, aber die beiden zusammen wirken wie ein Katapult für deine Positiv-Erfahrungen des Alltags.

Du kippst deinen Kaffee nicht schnell runter, weil du in Eile bist, sondern du „umspielst deine Zunge“ mit der warmen Flüssigkeit und lässt deine Geschmackspapillen der Zunge mit Ruhe und mit Interesse tätig sein. Du küsst deinen Partner nicht aus blanker Routine zum Abschied, sondern du genießt die Berührung, die Weichheit und die Wärme eurer sich berührenden Lippen. Der flüchtige Abschiedskuss am Morgen wird zu einem Fest der Sinne, wie beim ersten Verliebtsein. Dass uns das Empfinden des Verliebtseins überhaupt verloren geht oder sich wie selbstverständlich abschwächt, liegt nicht daran, weil das so sein muss, sondern ausschließlich daran, weil wir es zulassen, unsere Genussfähigkeit bei diesen wiederkehrenden wunderschönen Sinnesverwöhnungen zu vergessen.

Du lauschst, wie die Stille im Wald sich anhört, wie der Wind in den Bäumen klingt, wie das Wasser im Bach rauscht oder wie die Vögel auf dem Weg zur Arbeit zwitschern und tirilieren. Achte einmal bewusst darauf, wie dein Geruchssinn auf andere Menschen reagiert, denen du begegnest oder die an dir vorbeilaufen. Oft kann man feststellen, dass man unbewusst viel mehr mit seinem Geruchsempfinden tätig ist, als man denkt.

Übung 6: „Stopp! Grenze suchen; Grenze setzen“

Bei der sechsten Übung geht es um Veränderungen beim Reagieren auf Anfragen und Erwartungen deiner Mitmenschen an dich. Die meisten gutmütigen Menschen reagieren sofort, ohne vorher über ihre Antwort nachzudenken und ärgern sich manchmal nachher darüber. Deswegen widmen wir uns diesem Verhalten mit einer netten, kleinen Übung.

Was hat ein übereiltes Reagieren mit dem Thema Minimalismus zu tun? Durch vorschnelle Zusagen an andere rutschen sehr viele Menschen in das Gefühl des „Das ist mir alles zu viel. Ich kann nicht mehr!“ Es geht also um ein „Zuviel an Gutmütigkeit”. Keine Sorge, dies ist keine Lektion in Egoismus. Viel mehr geht es um eine Übung, die eigene Grenze früh genug erkennen zu lernen und diese anderen eindeutig zu setzen.

Zunächst benötigst du für diese Übung eine dicke, wenigstens fünf Meter lange Kordel oder ein gleichlanges Seil. Such dir eine ruhige Minute, in der du allein bist und lege das Seil im Kreis um dich herum. Stell dir vor, dass das Seil eine eindeutige Grenze zwischen dir und deinen Mitmenschen darstellt. Jetzt prüfe, wie weit deine „gesunde Grenze” um dich herum sein sollte. Wie viel Platz sollte dir der Kreis um dich herum bieten, damit du dich sicher und wohl in einer Begegnung mit anderen fühlst? Repräsentiert das Seil um dich den von dir gewünschten Raum? Oder sollte er größer sein, benötigst du mehr oder weniger Seil? Experimentiere eine Weile herum, bis du zufrieden mit deinem Ergebnis bist. Wenn du dich in deiner Grenze gefunden hast, sieh dir dein Ergebnis an. Erst aus dem Inneren des Kreises, dann auch von außen. Sieh dir an Hand des auf dem Boden liegenden Kreises aus einiger Entfernung an, wie groß dein Bedarf an Distanz zu anderen wirklich ist. Verwundert dich das Ergebnis? Lässt du andere sonst näher an dich heran, als dir lieb ist? Dann steige noch einmal in deinen Schutzkreis und werde mit dem Raum um dich herum vertraut. Natürlich kannst du dieses Bewusstmachen deines Schutzraumes nur alleine durchführen. Du kannst ja schlecht in Begegnung mit anderen erst einmal dein Seil um dich herum legen, wie sähe das aus? Aber wenn du dir deinen eigenen, angenehmen Sicherheitsabstand durch die Übung bewusst gemacht hast, kannst du diesen als inneres Bild in deiner Erinnerung festhalten und es dir in deiner Vorstellung vor Augen führen, wenn jemand etwas von dir fordert oder erbittet. Ist der andere dir mit seiner Bitte oder Forderung zu nah, trete (zumindest in deiner Vorstellung) einen Schritt zurück, bis die Distanz stimmt. Im Schutzkreis deiner selbst festgelegten Distanz erlaube dir jetzt, ein Stopp zu setzen. Das heißt, reagiere nie unmittelbar, sondern genehmige dir bewusst eine Bedenkpause. Dann frage dich im Stillen, wie viel Zeit du dir ohne Druck zur Beantwortung der Anfrage geben möchtest. Angenommen, du willst über deine Antwort schlafen, dann teile das deinem Gegenüber freundlich und bestimmt mit. Es reicht in diesem Fall, wenn du sagst: „Ich sage dir morgen Bescheid!" Oder: „Ich rufe dich nächste Woche deswegen an." Wichtig ist, dass du an diesem Punkt keine Begründungen anbietest, weil du deine Antwort nicht wie gewohnt unmittelbar lieferst. Du hast ein Recht auf deine Bedenkzeit.

Diese Übung sollte für Menschen, die Schwierigkeiten mit dem Grenzen-Setzen haben, nicht zeitlich befristet sein. Vielmehr sollten sie mit dieser Übung im Alltag so vertraut werden, dass sich ihre eigene Grenze wie selbstverständlich ihren Reaktionen anpasst. Das ist eine wesentliche und wichtige Grundvoraussetzung für jede Minimalisierungsarbeit.

Übung 7: „Lust auf Loslassen"

Minimieren bedeutet immer Loslassen. Deswegen ist es sinnvoll, diesen Schritt durch eine Übung vorzubereiten. Bevor du dich bei deiner eigentlichen Minimalisierungsarbeit von materiellen Gütern löst, die du nicht mehr benötigst, ist es hilfreich, sich auch von seelischen Dingen zu befreien, die dich belasten oder unfrei machen.

Stell dir also zunächst einmal die Frage, ob es ein solches Verhalten bei dir gibt. Hast du dir im Laufe deines Lebens Eigenarten angewöhnt, die dich stören? Prüfe dich ehrlich und nimm dir Zeit für die Antwort. Wenn du sehr vertraute Menschen um dich hast, kannst du auch sie um deren Meinung fragen. Es ist hochinteressant die Fremdwahrnehmung mit der Eigenwahrnehmung zu vergleichen. Beide klaffen oft weit auseinander. Deswegen sollten das Vertrauen zu diesen Menschen ausgeprägt sein. Sonst könnte es wegen der Differenzen zu Spannungen im Miteinander führen. Wenn du dir der Beziehung sicher bist, frage diese Mitmenschen um ihre Hilfe bei deiner Übung.

Vielleicht kommst du darauf, dass du oft zu negativ bist oder dass du unklare Antworten gibst. Vielleicht bist du unpünktlich oder unzuverlässig. Vielleicht hörst du zu wenig hin, wenn jemand etwas zu dir sagt oder du achtest zu wenig auf dich selber. Dies alles sind Verhaltenszüge, die gerne hinter dir bleiben würden. Sobald du dich für eine oder für mehrere eigene Verhaltensweisen entschieden hast, die du gerne loslassen möchtest, dann schreibe sie auf einen Zettel. Etwa in der Art:

„Ich gehe immer erst von der negativen Variante aus.“

Oder:

„Ich bin mit meinen Antworten oft zu schnell.“

Oder:

„Ich halte mich nicht an Vereinbarungen.“

Oder :

„Ich komme immer zu spät.”

Wenn du deine persönlichen Loslasszettel angefertigt hast, suche mit Bedacht ein Verhalten davon heraus, das du gerne verändern möchtest. Mache es dir dabei nicht zu schwer, indem du eins auswählst, mit welchem du dein Leben lang schon kämpfst, aber mache es dir auch nicht zu leicht. Du wirst am Gelingen der Übung innerlich wachsen. Jeder Erfolg stärkt deine Willenskräfte. Du hast deine eigene „innere Schatzkiste“, in der du deine Erfolge ablegen kannst. Mit jedem Erfolg wird deine Schatzkiste voller und reicher.

Dann wende dich deinem Loslass-Ziel zu. Auf deinem Zettel steht zum Beispiel, dass du regelmäßig zu jedem Termin mit fünf Minuten Verspätung erscheinst.

Frage dich zuerst, welche Auswirkung deine Unpünktlichkeit für dich und für deine Mitmenschen hat. Was genau macht deine Unpünktlichkeit mit dir, was mit deiner Umgebung?

Du wirst bei dieser Frage auf Nachteile stoßen. Nachteile für denjenigen, den du warten lässt und Nachteile für dich, der du dich vor den anderen vielleicht dafür schämst, immer wieder dadurch aufzufallen.

Dann frage dich, ob dein Zuspätkommen außer den Nachteilen auch etwas Positives bringt. Das mag zunächst seltsam klingen, aber man macht generell nichts im Leben, ohne die Hoffnung zumindest einen Vorteil dadurch zu erhalten. Vielleicht erhältst du durch deine Verspätung eine Aufmerksamkeit, die du sonst nicht empfindest. Oder sie schenkt dir ein Gefühl von Eigenwilligkeit. Irgendetwas wird es dir bringen, sonst würdest du es nicht so konsequent wiederholen.

Aber da du dich dazu entschieden hast, dich von dieser Eigenart zu befreien, überwiegen auf deiner inneren Waage jetzt die Nacheile des Zuspätkommens.

Negative Motive bleiben in uns nur stark und machtvoll, wenn sie im Dunkeln bleiben. Sobald du deine Aufmerksamkeitsscheinwerfer darauf richtest, schwächst du sie.

Sobald du die falschen Vorteile enttarnt hast, frage dich, ob es nicht andere Möglichkeiten für dich gibt, mit deinem Aufmerksamkeitsbedürfnis ans Ziel zu kommen, ohne den „Trick des Zuspätkommens". Und dann probiere diese anderen Möglichkeiten aus.

In der Regel findet man schnell etwas, das einem die falsche Hilfe ersetzen kann. Es ist nur die Macht der Gewohnheit, die uns immer unbewusst in die alte Fahrrinne bringt.

Dann entscheide dich bewusst dazu, dein regelmäßiges Zuspätkommen loszulassen. Lebe deine Entscheidung im Alltag und trage den Zettel so lange in deiner Tasche bei dir, bis du dir sicher bist, dass du diese Eigenart losgelassen hast. Mit der Zeit wird dieses Verhalten weniger und weniger. Und dann, ganz wichtig: verbrenne diesen Zettel feierlich. Mach ein kleines Fest daraus.

Deine Loslassübung noch einmal zusammengefasst:

1. Suche unliebsame Eigenschaften an dir, die du loslassen möchtest.
2. Bitte gute Freunde um ihre ehrliche Stellungnahme diesbezüglich.
3. Schreibe deine Funde als formulierte Ziele auf Zettel.
4. Wähle für deine Übung einen der Zettel aus.
5. Betrachte die Auswirkungen dieser Eigenschaft auf dich und auf deine Umwelt.
6. Finde die Nachteile dieser Eigenschaft.
7. Finde die Vorteile dieser Eigenschaft.
8. Suche positive Alternativen für die Vorteile.
9. Vermeide ab jetzt die negative Eigenschaft und wende die Alternative an.
10. Verabschiede dich von der alten Eigenschaft und verbrenne den Zettel feierlich.

Diese Übung ermöglicht dir, dich von unliebsamen Eigenschaften für immer zu befreien. Ist das nicht phantastisch, in wie viele Bereiche sich dein Wunsch, dein Leben zu minimieren auswirken kann?

Übung 8: „Dein bester Freund, dein Minimalisierungs-Begleiter“

Auch wenn diese Übung an letzter Stelle steht, halte ich sie für die Wichtigste von allen. Genau genommen handelt es sich dabei eigentlich gar nicht um eine Übung, sondern viel mehr um eine konkrete Hilfe bei all deinen Minimalisierung-Bestrebungen. Und wie so einiges in diesem Buch, kannst du diese Hilfe nicht nur beim Minimalisieren verwenden, sondern in unzähligen anderen Situationen, in denen du eine Veränderung in deinem Leben erzielen willst. Sie hilft dir bei Ängsten, bei Hemmungen, bei Abhängigkeiten und vielem mehr. Sie ist ein wunderbares Allround-Hilfsmittel, das du immer und überall einsetzen kannst. Und es hilft dir meistens sehr sicher und effektiv!

Halte dir als erstes deinen Veränderungsimpuls vor Augen, der dich zur Veränderung motiviert und antreibt. Feuere diesen Impuls in dir innerlich an, lass ihn groß und bedeutsam werden. Verbinde dich kraftvoll mit diesem Impuls, werde innerlich zu deinem Impuls der Änderung, bis kein Zweifel mehr in dir besteht.

Sobald du dich mit dem Veränderungsimpuls „ganz ausgefüllt“ hast, wähle einen Gegenstand, der deine kraftvolle Stärke gemeinsam mit dir trägt und teilt. Dabei kann es sich um einen schönen Edelstein handeln oder um ein Schmuckstück, das du dir extra zu diesem Anlass kaufst oder du besitzt einen dir wichtigen Gegenstand von einem Menschen aus deinem Leben, der dich immer liebevoll gefördert und unterstützt hat. Ein Mensch, der bedingungslos an dich geglaubt hat, der dich so genommen und geliebt hat, wie du bist.

Diesen Gegenstand hast du ab jetzt immer, wirklich immer, bei dir. Er wird dein treuester Begleiter. Mit ihm kannst du in jeder Lebenslage und Situation „auf Tuchfühlung gehen“, wenn du eine Stärkung benötigst. Unsere Seele braucht Bilder. Und das Bild deines gewählten Minimalisierungs-Begleiters wirkt wie eine unmittelbare Brücke zu deinem innersten Impuls, deinem Minimalisierungs-Wunsch, wenn dieser im Alltag brüchig oder schmal werden sollte. Das Bild wirkt sofort, sicher und kraftvoll. Dieses Hilfsmittel ist tausendfach erprobt. Der Umgang damit ist ganz schlicht. Immer wenn dir danach ist, nimmst du deinen Minimalisierungs-Begleiter in die Hand und tankst dadurch energetisch an deinem in dir liegenden, eigenen Impuls. Zweifel oder Schwächungen werden unmittelbar gemindert oder lösen sich auf. In Windeseile lässt du die kraftvolle „Ich-bin-bei-mir-Stimmung“ aufblühen, für deren Entstehen du zuvor Zeit und Aufmerksamkeit benötigt hast.

Solltest du regelmäßig im Alltag meditieren oder sonstige Zeiten haben, bei denen du im Alltag „Kraft tankst“, kannst du deinen Minimalisierungs-Begleiter währenddessen zwecks Neubefüllung als Handschmeichler nehmen. So ist die sichere Energieauftankung immer gewährleistet.

Diese Übung ist die leichteste, schnellste und effektivste von allen.

Mit diesen acht Übungen hilfst du dir auf mehreren Ebenen gleichzeitig. Zum einen wirst du dir in vielen Bereichen über dich, dein Verhalten und dein Empfinden bewusster. Zum zweiten verjagst du mit jeder einzelnen Übung die „Anti-Veränderungs-Gespenster” aus deinem Leben. Und zum Dritten haben die meisten der Übungen eine eigenständige positive Wirkung auf dich, die deinen Selbstwert, deine Entschlossenheit und deine Impulskraft stärken.

Gestärkt durch sie, kannst du jetzt den fünften, den eigentlichen Minimalisierungsschritt angehen.

9. **Der V. Schritt:** Handeln und ändern

„Wenn wir uns in die richtige Richtung wenden, dann müssen wir nur noch losgehen."

Buddha

Jetzt geht es nicht mehr um Vorbereitungen, jetzt bist du fit genug für die eigentliche, konkrete Umsetzung des Minimierens. Wie bei allem gibt es immer mehrere Wege, die zum Ziel führen. Ich beschreibe zuerst die radikalste Form des Minimierens. Ich nenne sie:

„Der barfüßige Asket im Wald".

Dabei gehen wir folgendermaßen vor: Wir bauen uns eine Kiste aus Holz in der Größe: 40x40x60 cm. An dieser Kiste werden zwecks Mobilität zwei aus kompostierbarem Material bestehende Tragegurte befestigt. Dann füllen wir die Kiste ausschließlich mit Dingen von unserem Hab und Gut, die absolut überlebensnotwendig sind.

Hier die Liste:

1. Zwei Unterhosen (eine am Körper, eine zum Wechseln).
2. Die robusteste lange Hose, die wir besitzen.
3. Zwei Unterhemden (eins am Körper, eins zum Wechseln).
4. Zwei T-Shirts oder nach Belieben Hemden (eins am Körper, eins zum Wechseln).
5. Eine warme und robuste Jacke oder Mantel.
6. Schuhe und Strümpfe brauchen wir ab sofort nicht mehr, weil wir nicht mehr so verweichlicht durchs Leben gehen wollen. Wir wollen in Fühlkontakt mit der Mutter Erde stehen.
7. Einen Trinkbecher.
8. Einen Teller.
9. Messer, Gabel, Löffel.
10. Einen Feuerstein.

11. Eine warme Decke.

12. Eine Liegematte.

Wir entledigen uns von allen anderen Gütern mit einem tiefen, befreiendem Seufzer. Du kannst alles verschenken oder zur Mülldeponie bringen, egal, Hauptsache, du bist es los und es belastet dich nicht mehr.

Da du zur finanziellen Aufrechterhaltung deiner wenigen Habseligkeiten ab sofort keine Arbeit mehr brauchst, kündigst du deine Stelle, deine Wohnung, trennst dich von deinem Partner und bist ab sofort frei und unbeschwert wie ein Vogel.

Diese Variante der Minimalisierung wird derzeit noch sehr selten umgesetzt. Ich vermute, trotz des allgemeinen Minimalisierungstrends, dass es weniger als 0,0000001 % der Menschen auf der Welt so halten. Vorteilhaft an dieser Form ist, dass man nach dem eigenen Ableben nahezu nichts auf der Erde zurück lässt, da sogar die Holzkiste kompostierbar ist oder als Urne verwendet werden könnte. Sicherlich ein reizvoller Gedanke für alle Perfektionisten unter den Minimalisten, aber bis heute habe ich nur sehr wenige von ihnen im Wald vorgefunden.

Spaß beiseite! Dieser Vorschlag war natürlich blanker Unsinn und sollte keine reale Anregung beim Minimieren für dich sein, sondern eine kleine ironische Provokation für die Menschen, die ernst gemeinte Minimierungsanliegen als Unfug abtun. Ich nehme dein Anliegen, dein Leben zu minimieren, sehr ernst und insofern sollte die Umsetzung auch absolut realitätsnah, umsetzbar und an deine Bedürfnisse angepasst sein. Dein Impuls zur Veränderung beim Minimieren ist ausschlaggebend, dann folgt die Anpassung an deine Schwerpunkte. Bist du jemand, dem die Ernährung besonders wichtig ist oder die Nachhaltigkeit, der ökologische Aspekt oder einfach nur die Einfachheit? Willst du mehr Zeit oder weniger Müll? Das liegt alleine bei dir und das kann niemand bewerten oder kritisieren. Das höchste Ziel beim Minimieren ist deine Freiheit und dein

Glück. Ich finde, dafür lohnt es sich, zu kämpfen.

Nach deiner Vorarbeit, den ersten vier Schritten beim Minimieren, hat sich vieles für dich schon geklärt und du bist vermutlich tief verbunden mit deinen Änderungsimpulsen.

Wenden wir uns nun also dem konkreten Handeln und Verändern zu, für das du jetzt gestärkt bist.

Im Buddhismus ist das höchste Streben, sich immer wieder mit dem Hier und Jetzt zu verbinden. Das klingt wie eine Floskel und sollte doch nicht schwierig sein? Denkste! Es ist tatsächlich eins der schwersten Dinge im Leben, sich von der magnetischen Anziehungskraft der Vergangenheit und der Gegenwart zu lösen und sich nur auf das einzulassen, was den gegenwärtigen Augenblick ausmacht. Tatsache ist auch, dass sowohl die Vergangenheit, als auch die Zukunft innere Verknüpfungsfäden ziehen, die uns mit Angst oder Sehnsucht verbinden. Beide sind häufig die Grundlage dafür, dass wir unzufrieden oder sogar unglücklich mit uns oder unserem Leben sind. Mit unserem Bewusstsein im Hier und Jetzt finden wir unser wahres Glück, sagt der Buddhismus. Du musst kein Buddhist beim Minimieren werden, aber diese Weisheit, sich mit dem Augenblick voll und ganz zu verbinden, birgt so eine große Hilfe beim Minimieren, dass wir sie uns zunutze machen sollten. Reduziere deine volle Aufmerksamkeit auf das, was du gerade tust, dann machst du es dir leichter und schaffst dir eine Grundlage zum Zufrieden- oder gar Glücklich-Sein.

Um dein Leben durch das Minimalisieren zu verändern, ist es hilfreich, alle Kräfte für den Augenblick zu mobilisieren, weil uns Lebensveränderungen zunächst einmal wie ein unüberwindbarer Berg erscheinen können. Und dieser Berg, der vor uns liegt, kann uns leicht bei unserem Vorhaben entmutigen. Indem du den Berg in kleine, bewältigbare Portiönchen unterteilst, wird das Ziel leichter erreichbar.

Jetzt wird das Minimalisieren konkret: Vor dir liegt ein bestimmtes Änderungsthema. Du hast einen Gedankenwasserfall durchgeführt und deinen eigenen Impuls diesbezüglich gefunden. Sollte dieser lauten:

„Bewusstes Loslassen“ oder „Den günstigen Augenblick nutzen“, ist es für dich derzeit kein Thema, um das du dich aktiv bemühen müsstest. Lass es so lange ruhen, bis dein Impuls sich diesbezüglich geändert hat. Dieser Impuls braucht dein Zutun momentan nicht

Solltest du aber die Impulse: „Meine Selbstdisziplin“ oder „Volle Kraft“ in dir gefunden haben, geht es für dich an die weitere konkrete Arbeit.

Du kennst diesbezüglich deine inneren und deine äußeren Gegner, du hast dich durch gezielte praktische Übungen für dein weiteres Vorgehen und gegen deine Gegner gestärkt.

Jetzt geht es darum jeden Inhalt oder jeden Gegenstand, den du minimieren willst, in drei Kategorien einzuordnen. Diese Zuordnungen orientieren sich an unterschiedlichen Werten, die du selber festlegst.

Die erste Kategorie lautet:

1. Wertvoll für mich

Wertvoll kann ein Gegenstand für uns aus mehrerlei Gründen sein:

A. Ich benötige diesen Gegenstand dringend für mein Leben.

B. Ich liebe diesen Gegenstand.

C. Ich liebe die Bilder und Gefühle, die ich mit dem Gegenstand verbinde.

Kategorie 1A: *„Wertvoll für mich. Ich benötige diesen Gegenstand dringend für mein Leben.“*

Solltest du zu der Entscheidung kommen, dass du diesen Gegenstand dringend für dein Leben benötigst, dann behältst du ihn natürlich. Es ergibt keinen Sinn, sich davon zu trennen. Aber es ist jetzt von ganz großer Bedeutung, dass du einen festen Ort bestimmst, wo du ihn immer weißt. Das ist praktisch und macht dein Leben leichter, weil du ihn dann eventuell bei Bedarf nicht suchen musst. Darüber hinaus spricht es aber auch ein inneres Ordnungsgefühl in dir an, das zur Ruhe kommt. Das freut die Seele, es macht dich ruhig und gelassen und spart deine Kräfte für andere Dinge.

Minimieren bedeutet nicht unbedingt immer Geld zu sparen. Manchmal bedeutet Minimalismus auch, dass wir bei der Frage, ob uns ein Gegenstand wichtig ist, darauf kommen, dass wir ihn zwar dringend benötigen, der Gegenstand selber aber seit Beginn einen Mangel oder ein Defizit mit sich bringt. Er ist also auf irgendeine Weise „nicht ganz der richtige für uns". Vielleicht gefällt er uns nicht oder wir haben ihn von einem unliebsamen Menschen bekommen und denken beim Gebrauch immer an ihn. Dann ist uns der frohe, freie Gebrauch des Gegenstandes verleidet und hat einen bitteren Beigeschmack. Wir brauchen ihn, lehnen ihn aber aus irgendeinem Grund ab. Wir hängen zwischen Bedeutung und Ablehnung fest. In diesem Fall ist der richtige Schritt, auf unseren vorangegangenen Gedankenwasserfall zurück zu greifen und mit diesem vorbereiteten Fachwissen den hundertprozentig richtigen Gegenstand zu suchen und neu zu kaufen. Mach ein Fest aus diesem Kauf. Und dann bekommt der Gegenstand seinen Ehrenplatz bei dir. Den alten kannst du entweder verkaufen oder an jemanden verschenken, für den er ein großer Gewinn sein könnte. Dann freust du dich zum zweiten mal. Es ist ein herrliches Gefühl zu schenken. Ab jetzt freust du dich jedes mal, wenn du den neuen, richtigen Gegenstand zum Einsatz bringst. Jetzt stimmt alles damit. Das gibt ein befriedigtes Gefühl.

Kategorie 1B: *„Wertvoll für mich. Ich liebe diesen Gegenstand."*

Wenn du diesen Gegenstand behalten willst, weil du ihn zwar nicht unbedingt brauchst, ihn aber schlichtweg liebst, dann ist es ebenso wichtig, seinen festen Ort in deinem Leben fest zu legen, wo du ihn immer weißt. Auch das spricht dein inneres Ordnungsgefühl an, das sich nach Ruhe sehnt.

Kategorie 1C: *„Ich liebe die Bilder und Gefühle, die ich mit dem Gegenstand verbinde.“*

Solltest du aber zu dem Entschluss kommen, dass der Gegenstand selber gar nicht so bedeutend für dich ist, sondern nur die Gefühle und Erinnerungen, die du damit verbindest. Dann reicht es in der Regel, einen Stellvertreter dafür festzulegen, in der Art, wie du es schon bei der Übung acht, dem „Minimalisierungs-Begleiter” kennen gelernt hast. Vorteil dabei ist, dass Stellvertreter in der Regel sehr viel platzsparender sind, als die eigentlichen Gegenstände.

Eine wunderschöne Idee finde ich, speziell für diese „Repräsentanten-Erinnerungsträger” ein eigenes Schatzkistchen anzulegen. Es bietet dir nicht nur die Möglichkeit, deine wachsende Lebensordnung weiter zu führen, sondern das Schatzkistchen kann zu einem ganz bedeutsamen Wertgegenstand von dir werden. Die Idee mit der Schatzkiste bringt sogar noch eine potenzierte glücksfördernde Wirkung für dich mit sich. Stell dir vor, wie herrlich es sich anfühlt, wenn du eine Kiste in Händen hältst, die angefüllt ist mit wertvollen und geliebten Erinnerungen. Natürlich braucht deine Kiste einen festen und besonderen Ehrenplatz in deinem Leben. Als Repräsentanten eignen sich Fotos des Gegenstandes selbst oder von dem Mensch oder Ort, der mit diesem Gegenstand für dich in Verbindung steht. Es ist hilfreich, wichtige Informationen auf die Rückseite des Fotos zu schreiben, eventuell Daten oder genaue Ortsangaben. Oder wertvolle Aussagen, die mit dem Gegenstand verbunden werden. Beispielsweise Running-Gags, die in dieser Situation entstanden oder ganz prägende Einsichten, die daraus erwachsen sind.

Soviel zum Thema „wertvoll für mich“. Kommen wir jetzt zur <u>zweiten Kategorie:</u>

2. Wertvoll für andere

Solltest du zu dem Entschluss kommen, dass du diesen Gegenstand weder benötigst, noch magst, er aber trotzdem wertvoll ist, dann gibt es vier Möglichkeiten für dich, damit umzugehen:

Kategorie 2A: *„Einen lieben Menschen beschenken."*

Die erste Möglichkeit besteht darin, dir voller Freude zu überlegen, ob er einen besonderen Wert für einen deiner Freunde darstellen könnte. Vielleicht fällt dir in dem Zusammenhang ein, dass jemand vor dir geäußert hat, wie toll er oder sie den Gegenstand findet. Vielleicht ist es ein Herzenswunsch einer deiner Freunde oder Bekannten. Dann mach ein Verschenkfest daraus und gib den Gegenstand freudig weiter.

Kategorie 2B: *„Einen fremden Menschen beschenken."*

Falls dir kein Freund einfällt, den du damit beglücken könntest, gibt es hundertprozentig jemand Fremdes, bei dem das zutrifft. Die Möglichkeiten diesen Schritt umzusetzen, sind heute vielfältig und mühelos. Der einfachste Weg ist, den Gegenstand auf der Straße mit einem „zu verschenken"-Schild aufzustellen. Meistens dauert es keine Stunde, bis sich ein freudiger, neuer Besitzer findet. Du kannst auch pfiffigere Beschriftungen auf das Schild schreiben: „Ich suche ein neues Zuhause", oder „Wer freut sich über mich?" Deiner Fantasie sind keine Grenzen gesetzt. Und es macht Spaß, weg zu geben und die Resonanz zu bekommen, dass ein anderer froh darüber ist.

Kategorie 2C: *„Bedürftige Menschen beschenken."*

Die dritte Möglichkeit, den Gegenstand sinnvoll weiter wandern zu lassen, ist, ihn in einem der vielen Sozialkaufhäuser oder bei anderen Sammelstellen für bedürftige Menschen abzugeben. Auch wenn du die Reaktion des neuen Besitzers in diesem Fall nicht mitbekommst, ist es beglückend, sich vorzustellen, dass ein anderer froh darüber ist. Ein Sozialkaufhaus ist eine prima Win-Win-Situation. Du bist erleichtert, das soziale Kaufhaus macht einen kleinen Gewinn und der neue Besitzer kommt kostengünstig an den erwünschten Gegenstand. Alle sind froh! Das fühlt sich gut an. Ebenso ist es mit den Sammelstellen für bedürftige Menschen im In- oder Ausland. Das, was für dich Müll oder Überfluss darstellt, kann für einen anderen Menschen hilfreich oder sogar lebenserhaltend sein.

Kategorie 2D: *„Den Gegenstand verkaufen."*

Natürlich ist die vierte Möglichkeit der Verkauf des Gegenstands. Da mir das Verschenken selber viel mehr Spaß macht als der Verkauf, habe ich die ersten drei Möglichkeiten von der Hierarchie her vorne angestellt. Aber jeder wie er will und kann. Auch beim Verkaufen gibt es heutzutage so viele Möglichkeiten. Die lokale Zeitung, die kostengünstig oder meist sogar kostenfrei deine Annonce abdruckt und in jedem Haushalt verteilt, bietet eine gute regionale Streumöglichkeit. Und natürlich die unzähligen Internetkaufhäuser, wie Ebay, Ebay Kleinanzeigen, Kaleido oder ähnliche. Das Verkaufen ist heute leichter denn je und manchmal erwirtschaftet man sich ein kleines Vermögen, während man zuhause freudig ausmistet.

Und dann ist da noch die letzte Kategorie, mit der Überschrift:

3. Wertlos

Kategorie 3A: *„Wertvoller Müll."*

Wertlos bedeutet heutzutage nicht gleich: „Müll". In dem, was für uns wertlos ist, stecken häufig noch etliche brauchbare Wertstoffe. Das gilt es zuerst zu überprüfen. Gerade für technische Gerätschaften, wie Handys oder Akkus gibt es sinnvolle Verwendungsmöglichkeiten, obwohl es für uns persönlich Müll darstellt. Und diese Überlegung ist oft überaus ökologisch und nachhaltig. Diese beiden Aspekte haben für mich beim Minimalisieren eine große Bedeutung bekommen, Ökologie und Nachhaltigkeit. Aber dazu kommen wir später noch einmal.

Müll ist heutzutage ein zweischneidiges Schwert für Minimalisten: Auf der einen Seite geht es dem Minimalisten ja darum, sich von Überflüssigem zu befreien, auf der anderen Seite will er kein treibender Teil in der rücksichtslosen Wegwerfgesellschaft sein. Der Umgang mit Müll bedarf eines ausgeprägten Verantwortungsgefühls.

Solltest du zu dem Entschluss kommen, dass es sich um wertvollen Müll handelt, den du entsorgen willst, dann ist es ein Leichtes, den richtigen Ort zum Entsorgen herauszufinden. Deine Kreisverwaltung ist offen für diese Fragen und organisiert die Müllentsorgung für dich, in der Regel sogar kostenlos.

Kategorie 3B: *„Wertloser Müll.“*

Ist der jeweilige Gegenstand schlichtweg wertloser Abfall, entsorge ihn müllgerecht. Auch wenn heute bekannt ist, dass die Mülltrennung oft eine Augenwischerei sein könnte und dem Entsorger nur ein gutes Gewissen beim Ausmisten schenken soll, halte ich das Trennen von Müll weiterhin ein. Ich blicke doch nicht genau dahinter, was danach mit dem Müll geschieht. Und wenn ich wegen des grünen Punkts trotzdem nicht leichtfertig extra Müll produziere, kann ich keinen Fehler machen. Ich gebe die Hoffnung nicht auf, dass überall da, wo Katastrophen aufgedeckt werden, auch eine Gegenbewegung entsteht, die Gutes beabsichtigt. Es tut nicht weh, trotz aller Missstände weiterhin an das Gute zu glauben! Und eine Trennung von Müll bewirkt auf jeden Fall einen bewussten Umgang damit. Dieser trägt auch oft schon zur Reduktion von Müll bei. Dem Thema Müll wende ich mich später, im Kapitel Ökologie und Nachhaltigkeit, zu.

Wenn du dein Hab und Gut nach diesem System durchgearbeitet hast, wirst du weniger bei dir zu Hause haben. Dieses Weniger fühlt sich fast immer besser und reicher an. Die Erfahrung, dass Reduzieren von Eigentum glücklich macht, haben Tausende erlebt. Der Wert deiner Gegenstände wird dadurch gehoben, dein Leben wird insgesamt wertvoller und einfacher.

Wie das nach deiner bisherigen Minimalisierung auch in Zukunft so bleiben kann, erfährst du im nächsten Kapitel, im sechsten Schritt unseres Minimalisierungs-Programms.

10. Der VI. Schritt: Im Fluss bleiben

„In der Welt der Wandlungen und Veränderungen gibt es keine Vollkommenheit. Alles ist im Werden, kein Mitmensch ist perfekt."

Udana

Nach der Einteilung in die drei Kategorien und der jeweiligen Weitergabe der Gegenstände, geht es noch um einen ganz wesentlichen Punkt, der nach dem fünften Schritt den krönenden Abschluss macht und der auf keinen Fall fehlen darf: das „Im-Fluss-Bleiben“.

An dieser Stelle möchte ich nochmals die unermüdlichen Bemühungen der Anti-Minimalisierungs-Geister ins Spiel bringen. Sie geben so schnell nicht auf. Vielleicht haben sie bis hierhin bemerkt, dass sie in dir einen ernst zu nehmenden Gegner gefunden haben. Aber glaube mir, sie warten im Hintergrund auf ihren Einsatz und fahren mit all ihren Kräften erneut auf.

Wenn du soweit beim Minimieren gekommen bist, magst du denken, dass dir diesbezüglich jetzt nichts mehr passieren kann. Es ist ja auch eine stolze Leistung, wenn du dein Minimieren bis hier hin konsequent durchgezogen hast. Und genau in diesem Augenblick des scheinbaren Erfolgsgefühls schlagen sie wieder zu! Nicht schlagartig, das wäre für dich zu auffällig. Schließlich bist du jetzt ein Minimierungsprofi und dabei wach und aufmerksam mit deinem Hab und Gut. Die Anti-Minimalisierungs-Geister arbeiten schleichend aus dem Hintergrund. Wie Wasser laufen sie in die Lücken der Unachtsamkeit des Alltags. Deswegen: lass nicht los, bleib dran! Nicht mit Krampf und Mühe, sondern leite deine Bemühungen wie zuvor immer wieder in Freude am Tun um. Sei stolz auf das, was du dir erarbeitet hast. Identifiziere dich mit deinem Ergebnis und suche dich selber immer wieder aufs Neue darin.

Nachdem du deine Gegenstände konsequent minimiert hast, wirst du ein freies und beglücktes Gefühl empfinden. Dieses Gefühl, sich von Überflüssigem oder Unnötigem gelöst zu haben ist, wie viele andere innere Entwicklungsschritte, mit nichts zu vergleichen. Es erfüllt einen und schenkt eine tiefe Zufriedenheit. Wenn du Lust hast, kannst du diesem ganz speziellen und unvergleichlichen Gefühl der Zufriedenheit deines minimalisierten Lebens, einen Namen geben. Dann schließt du dadurch eine unterstützende Beziehung zu dieser Empfindung. Du könntest es zum Beispiel in Anlehnung an deinen Gedankenwasserfall dein: **„AMUSTO-GEFÜHL“** nennen. (Wie ich zu dem Namen AMUSTO gekommen bin, erkläre ich dir im zwölften Kapitel.) *„Heute fühle ich mich total Amusto"*, oder: *„Heute brauche ich noch etwas mehr Amusto."*

Damit dein Amusto-Gefühl (oder wie auch immer du dieses schöne Gefühl benennst) bleibt und deine Mühe nicht vergänglich ist, sondern zu deinem alltäglichen Begleiter wird, geht es jetzt darum, deine Erfolge zu sichern. Dazu möchte ich dir vier Hilfen mit auf den Weg geben, deinen Minimalisierungserfolg im Fluss zu halten.

Den ersten kennst du bereits von deinen Vorbereitungsübungen, dein „Minimalisierungs-Partner". Er kann dir jetzt beim sechsten Schritt nochmals hilfreich zur Seite stehen.

1. „Dein Minimalisierungs-Partner"

Deine Minimalisierungsveränderungen erwachsen aus deiner Veränderungs-Arbeit, deinem aktiven Tun. Während dieser Zeit des Dranbleibens hast du innere Fäden und Verknüpfungen gezogen, die dir hilfreich dabei zur Seite standen. Dadurch bist du weitestgehend geschützt gewesen. Jetzt, danach, ist es ungeheuer wichtig, einige der helfenden Fäden in dein neues Leben zu integrieren und sie dort zu befestigen, damit du den Zugang zu deinen gefundenen inneren Impulsen immer wieder findest. Damit schließt du die möglichen Lücken für die listigen Anti-Minimalisierungs-Geister. Nutze dazu deinen Minimalisierungs-Partner aus der achten Übung, von Schritt vier deiner Minimalisierungsarbeit, der dich für den Kampf gegen die Feinde deiner Bemühungen im Alltag an deine Ziele und an deine Erfolge des Minimierens erinnert. Ein schöner Edelstein, den du immer in deiner Hosentasche trägst, oder ein Schmuckstück, wie ein Ring am Finger, oder eine Halskette eigenen sich dafür, weil du jederzeit „auf Tuchfühlung" damit gehen kannst. Durch die Berührung aktivierst du deine Sinne (in diesem Fall den Tastsinn) und deine Sinne stehen dir auch jederzeit hilfreich als Freunde und Helfer zur Seite, sobald du sie ansprichst. „Besinne" dich auf deine Ziele!

Die Wirkung solcher Repräsentanten ist meist phänomenal. Sie tragen von ihrem Wesen die positiven Grundideen des Minimalisierens: Einfach, wenig, notwendig, kraftvoll, von deinen Impulsen durchdrungen! Eine perfekte Zusammenstellung.

Hast du deinen Minimalisierungs-Partner ausgewählt, brauchst du ihn nur immer in deiner Nähe zu haben. Er arbeitet ab jetzt für dich und ganz in deinem Sinne. Er weiß, was du willst, denn schließlich ist er ja aus dir heraus erwachsen.

2. Dein „Das-Bin-Ich-Plakat“

Die zweite Möglichkeit, deine Minimalisierungserfolge im Alltag zu sichern, ist ein selbst angefertigtes „Das-Bin-Ich-Plakat“, dass du für dich im Alltag sichtbar zuhause aufhängst.

Bei deinem zweiten Schritt deiner Minimalisierungsarbeit, in dem du deine inneren Impulse suchst und findest, wirst du auf allerlei interessante Tatsachen über dich gestoßen sein. Ich möchte dich an dieser Stelle noch einmal daran erinnern, dass es kein einheitliches Minimalisieren gibt. Es ist dein eigenes, mit deinen ganz individuellen Werten und Zielen. Kein zweiter wird exakt deine Zusammenstellung von Werten und Zielen haben. Vielleicht bist du bei der Frage nach deinen Zielen zum Beispiel beim Wohnen und Einrichten darauf gekommen, dass du zwar wenig Gegenstände um dich haben möchtest, diese aber alle ganz hochwertig sein sollen. Oder vielleicht ist es dir ein Anliegen, dass deine Möbel alle von anderen Menschen ausrangierte Gegenstände sein sollen. Vielleicht ist es gerade reizvoll und bedeutend für dich, dass du Dingen einen Wert gibst, die für andere Müll sind. Oder du bist ein strenger Veganer und es ist dir darüber hinaus ganz wichtig, dass du ausschließlich regionale und saisonale Nahrungsmittel zu dir nimmst. Ein anderer entscheidet in diesem Punkt vielleicht, dass er oder sie zwar nur vegan Lebensmittel konsumieren möchte, aber sie müssen dafür ganz besonders ausgefallen, exotisch oder exquisit sein. Du siehst, Veganer ist nicht gleich Veganer. Und Minimalist ist nicht gleich Minimalist.

Du kennst deine Werte in den einzelnen Lebensbereichen. Das hast du dir bereits erarbeitet. Und du weißt von dir auch, wenn dir ein Lebensbereich nicht so wichtig ist, und dass du dich diesbezüglich jetzt nicht minimalisieren möchtest. Halte das alles durch klare, eindeutige, eigene Wertesätze fest und schreibe diese in großen, deutlichen Buchstaben auf dein „Das-Bin-Ich-Plakat“.

Schreibe zum Beispiel darauf:

„Essen ist wichtig für mich. Ich will nur beste Bio-Qualität, auch wenn es teurer ist!“

Oder:

„Kleidung muss für mich auf jeden Fall ohne Synthetik sein und fair hergestellt werden. Alles andere lehne ich strikt ab!“

Oder:

„Pausen, Ruhe und Stille sind absolutes Muss für meinen Alltag. Jeden Tag eine Entspannungsübung!“

Oder:

„Ich möchte auf gar keinen Fall an der steigenden Vermüllung der Erde teilhaben. Ich verweigere den Kauf jedes eingepackten Produktes!“

Oder, oder oder. Die Varianten sind so vielfältig wie die Menschen selber.

Dein Plakat wirkt eindrücklich auf dich und erinnert dich in starker Konzentration daran, was du willst und wer du bist. So kannst du dich nicht vergessen! Du identifizierst dich mit deinen eigenen Werten. Und deine Minimalisierungsgegner, deren Hauptlücke deine Ablenkung und Zerstreuung sind, finden so kein Durchkommen bei dir. Werbung ist deswegen so effektiv und wirksam, weil sie es schafft, dich durch Fremdreize zu zerstreuen und von dir abzulenken. Das wird ab jetzt mit deinem „Das-Bin-Ich-Plakat“ nicht mehr so leicht möglich sein.

Dein Minimalisierungsrepräsentant passt auf, wenn du es vergessen solltest, neue, aktuellere Minimalisierungserkenntnisse über dich auf deinem Plakat fest zu halten. Und es ist jeder Zeit erweiterbar. Perfektioniere dich in deinen Erkenntnissen über dich. Besser du bist darüber bestens im Bilde, als diejenigen, die dir Dinge aufschwatzen wollen, um sich an dir zu bereichern.

3. Dein persönlicher Minimalismus-Scanner im Alltag

Neben deinem „Das-bin-ich-Plakat", das dir täglich deine selbst erarbeiteten Werte des Minimalismus vor Augen hält, ist es hilfreich, eine weitere Stütze im Alltag bei sich zu haben. Am sinnvollsten ist es, wenn diese Hilfe wie dein „Minimalisierungs-Partner" möglichst mobil ist und du sie immer in deiner Nähe haben kannst. Ich habe mir selber eine persönliche Minimalismus-Zauberformel erstellt, die mich auf Schritt und Tritt begleitet. Die Formel besteht aus Begriffen, welche die Essenz meiner eigenen Minimalisierungs-Werte widerspiegeln. Damit du davon eine Vorstellung hast, nenne ich dir meine persönliche Zauberformel. Wie schon so oft im Buch erwähnt, ist diese Formel nicht einfach auf alle Menschen übertragbar. Sie spiegelt meine Werte wider. Deine Zauberformel lautet vielleicht ganz anders. Meine Formel besteht aus sieben Begriffen. Diese habe ich mir auf einen kleinen Zettel geschrieben, den ich mir ins Portemonnaie gelegt habe. So ist er bei jedem meiner Käufe augenblicklich und unweigerlich griffbereit, quasi unübersehbar für mich. Sobald ich ein Produkt kaufen möchte und ich mein Portemonnaie zücke, lacht mir meine Zauberformel wohlwollend und freundlich entgegen. Sie erinnert mich an meine hart erarbeiteten Minimalisierungs-Ziele. Meine Zauberformel trägt die sieben Begriffe:

1. Notwendig
2. Wertvoll
3. Sinnvoll
4. Bewusst

5. Ökologisch

6. Nachhaltig

7. Erfreuend

Die wenigsten Käufe sind in der Lage, alle Begriffe meiner Zauberformel gleichzeitig zu bedienen. Das muss auch gar nicht sein. Aber auf der Waage zur Kaufentscheidung müssen die Begriffe meiner Zauberformel schwerer wiegen, als alle Verlockungen, die mich sonst zum Kauf überreden könnten. Von meinen sieben Begriffen müssen wenigstens vier zutreffen, sonst lege ich das Produkt entschieden wieder ins Regal zurück und hoffe für den Verkäufer, dass ein anderer sich für das Produkt entscheidet – ich bin es jedenfalls nicht.

Diese Augenblicke, in denen ich das Produkt aus klarer Entscheidung wieder ins Regal zurück lege, sind nicht selten. Es sind Augenblicke, in denen ich keinen Verlust empfinde, sondern tiefste Freiheit und Zufriedenheit mit mir. Und im gleichen Zuge kann ich die Gegner meiner Minimalisierung toben und wüten hören. Jetzt waren sie doch schon so nah am Ziel angekommen. Und dann dieser Misserfolg! Mit einem zufriedenen Lächeln verlasse ich das Geschäft und fühle mich noch ein bisschen stärker als vorher.

Sollte mir meine Minimalisierungs-Zauberformel aber zum Kauf raten, trage ich die Gewissheit in mir, dass ich mich mit dem Produkt positiv verbinde und mich daran erfreuen werde.

4. Das Minimalisten-Siegel

Sobald man sein Leben und sein Zuhause minimalisiert, steht man zunächst einmal vor einer riesigen Aufgabe, wie ein Bergsteiger am Sockel des Berges, den er besteigen will. Der Anblick des massiven Berges kann den Bergsteiger entmutigen und ihm die Kraft rauben. So kann es auch dem Minimalisten bei der Minimalisierung seines Lebens ergehen. Er sieht sich sein Zuhause an und denkt: *„Schön wäre es, alles minimalisiert zu haben, aber das bekomme ich nie in den Griff. Das ist einfach viel zu viel."* Die Minimalisierungsgegner triumphieren bei solchen Gedanken. Blickt der Bergsteiger auf den Gipfel, mag er das auch so empfinden. Aber der Bergsteiger denkt das nicht. Zum einen hat er von Anfang an Freude beim Laufen und auch die ersten Schritte am Fuß des Berges genießt er, nicht nur die letzten vor dem Gipfel. Zum anderen hat er die Erfahrung gemacht, dass er den Berg gedanklich in überschaubare Abschnitte teilt, die er gut bewältigen kann. Er fasst nur den nächsten Abschnitt ins Auge und vergisst den Gipfel erst einmal. So reiht er einen bewältigten Abschnitt an den nächsten und erreicht sein Ziel erheblich müheloser.

Aber wie kann der Minimalist diese Bergsteiger-Taktik nutzen? Wie unterteilt er seinen Minimalisierungsberg in kleine überschaubare Abschnitte?

Wenn ein Künstler ein Kunstwerk verkauft hat, wird dieser Erfolg in der ganzen Welt mit einem roten Punkt auf dem Bilderrahmen besiegelt. Jeder der das sieht weiß: Da ist nichts mehr dran zu rütteln. Das Bild ist vergeben, ich kann es nicht mehr kaufen. Dieses eindeutige Signal des klebenden Punktes nach dem erfolgreichen Kunstverkauf können sich Minimalisten ebenfalls zunutze machen.

Stell dir vor, du möchtest dein Büro minimalisieren. Du kennst die Sechs-Schritte-Technik, du weißt, wie du vorzugehen hast. Mit frischem Mut knöpfst du dir zuerst deinen Schreibtisch vor. Er besteht aus einer Ablagefläche und aus vier Schubladen. Du öffnest die erste davon. Wurde sie zuvor noch nie minimalistisch durchgearbeitet, könntest du jetzt vor dem Durcheinander erschrecken. Aber du bist noch gestärkt und beginnst deine Arbeit. Nach einer Weile hast du es geschafft. Die erste Schublade entspricht genau deinen minimalistischen Vorstellungen und du bist stolz auf dich. Aber dann schaust du auf die restlichen drei Schubladen, öffnest die nächste und stehst vor dem gleichen Chaos wie zuvor bei der ersten. Das könnte ganz schön an deinem Elan kratzen und wenn dann die Minimalisierungs-Gegner aktiv werden und dir suggerieren: *„Lass es mal gut sein, das machst du demnächst fertig, wenn du mal Zeit hast."* In diesem Fall schlägt die Falle zu, patsch!

In dir bleibt nicht das Gefühl: *„Ich habe einen großen Teil meiner Arbeit bewältigt und bin stolz auf mich"*, sondern du wirst vermutlich empfinden: *„Meine Arbeit war ein Tropfen auf den heißen Stein, das kriege ich niemals hin!"*. Dein Fokus liegt auf dem Noch-nicht-Geschafften und nicht auf dem Geschafften.

Damit dir dass nicht passiert, setzt du dein Minimalismus-Siegel auf die bereits durchgearbeitete Schublade. Du kaufst dir einen Bogen mit kleinen grünen Aufklebe-Punkten und versiegelst die Schublade sofort nach deiner erfolgreichen Arbeit. Diese Schublade wird dadurch für dich immun für jede neuen Chaos-Attacke darin.

Das Siegel bedeutet für dich:

„Ich habe diesen Ort nach meinen eigenen Regeln des Minimalisierens vollständig bearbeitet. Ich bestätige durch dieses Siegel, dass ich dabei auf die Punkte meines individuellen Minimalisten-Scanners geachtet habe.

Der Inhalt trägt in meinem Fall wenigstens vier meiner Scanner-Werte:

1. Notwendig
2. Wertvoll
3. Sinnvoll
4. Bewusst
5. Ökologisch
6. Nachhaltig
7. Erfreuend.

Der grüne Punkt wird dir Respekt vor dem verschaffen, was du geleistet hast. Dieser Abschnitt in deinem Leben ist genau so, wie du ihn haben willst, und wird es durch das Siegel auch bleiben! Sobald du den Punkt siehst, wird deine Selbstachtung aktiviert.

Jetzt kannst du in aller Ruhe an der nächsten Schublade weiterarbeiten, bis sie von dir minimalistisch versiegelt wurde. Nach und nach werden dir überall in deinem Zuhause die grünen Minimalisten-Siegel entgegenlachen, dein Ziel wird immer erreichbarer und dein Erfolg immer sichtbarer. Genauso wie der Bergsteiger mit Freude und Sicherheit seinen Gipfel erreicht, wirst du dein gesamtes Zuhause eines Tages vollständig minimalisiert haben. Und das schneller, als du denkst!

Mit diesen vier Übungen kannst du dir deine Bemühungen beim Minimieren für die Zukunft sichern. Durch sie identifizierst du dich stark mit deinen eigenen Werten und verlierst sie auch nicht im Alltag, wenn deine Minimalisierungs-Angreifer am effektivsten gegen deine Bemühungen arbeiten. Sie werden jeden einzelnen deiner „Im-Fluss bleiben-Übungen" hassen und fürchten.

11. Zaudern, zweifeln, spalten – „Ich kann mich nicht entscheiden“

„Lege dir jeden Tag für deine Sorgen eine halbe Stunde zurück. Und in dieser Zeit mache ein Schläfchen.“

Buddha

Dieses Kapitel wendet sich einer sehr zähen Form der eigenen „Minimalisierungs-Verhinderungs-Geister“ zu: deinem Zweifeln und Zögern. Wenn es einem die anderen nicht schwer machen, dann sorgt man selber dafür.

Innere Zweifel kennen wir alle. Mehr oder weniger. Zweifel sind nicht generell schlecht. Sie achten auf uns, sodass wir keine schnelle Fehlentscheidung treffen. In diesem Sinne kann man sie auch als unsere persönlichen Wächter sehen. Nur leider machen sie ihren Job häufig zu gut. Dann halten sie uns von einem wesentlichen Schritt zurück. „Es könnte ja der falsche sein.“ Wenn das Zweifeln übergroß wird, spaltet es sich von uns ab und verhindert Veränderung und Entwicklung in uns. Dann hängen wir fest und sind nicht mehr in der Lage, uns zu entscheiden. Manchmal entfalten die Zweifel solch eine Eigendynamik, dass wir beginnen, uns vor Veränderungen zu fürchten. Wir halten an allem fest und können nicht mehr los lassen. Eine Form davon sind die „Jäger und Sammler“. Sie denken bei allem, dass sie es später noch einmal gebrauchen könnten. „Man weiß ja nie!“

Die „Man-weiß-ja-nie-Haltung“ steht einer Minimalisierung stark im Weg. Eine Minimalisierung ist immer klar, konkret und zielgerichtet. Die Man-weiß-ja-nie-Haltung ist immer unklar, unkonkret und ungerichtet.

Mit zwei Möglichkeiten können wir zu ausgeprägten Zweifeln in uns entgegenwirken: Die eine spricht mehr die Kopf- und die andere mehr die Bauch-Ebene an. Mal ist die eine erfolgreicher als die andere, mal umgekehrt. Es gibt Kopfmenschen, die viel eher auf die Kopfebene anspringen und Bauchmenschen, denen nur die andere Variante weiter hilft. Und dann gibt es ganz gründliche, die erst die eine Variante durcharbeiten und dann die zweite als zusätzliche Absicherung.

Sehen wir uns zuerst die Kopf-Hilfe gegen zu starkes Zweifeln an. Diese wird bei Entscheidungshemmungen mit ausgeprägten Kontrasten eingesetzt. Ein Beispiel dafür wäre die Entscheidungsfrage, ob man in Zukunft mit oder ohne eigenes Auto leben möchte. Oder ob man den Schritt zum Umzug in das „passendere Zuhause" antreten möchte oder ob man lieber da bleibt, wo man derzeit wohnt. Die „Nachteil-Vorteil-Waage" und auch der „Dialog mit dem inneren Zweifler oder Spalter" können in sehr vielen Situationen eingesetzt werden. Aufgrund des relativ hohen Zeitaufwandes sind sie bei geringfügigen Entscheidungsfragen, ob man zum Beispiel diesen oder jenen Käse kaufen möchte, natürlich übertrieben und dadurch unpassend. Aber bei allen größeren Entscheidungsfragen sind sie Gold wert.

Beginnen wir mit der ersten Entscheidungsfragen-Hilfe:

1. Die „Nachteil-Vorteil-Waage"

Schreibe auf ein großes Blatt Papier auf die linke Seite alle Vorteile, die du zu dieser Entscheidungsfrage in dir findest und auf die rechte Seite alle Nachteile. Dann lege alle Vorteile und alle Nachteile deiner Entscheidungsfrage auf eine imaginäre Waage.

Betrachte das Verhältnis der beiden zueinander. Gibt das schon einen klaren Hinweis der Gewichtung? Überwiegt eine Seite davon eindeutig?

Bewerte jetzt jedes einzelne Argument nach einer individuellen, persönlichen Einschätzung von 1-10.

1 = nur geringfügig bedeutend für mich; 10 = extrem bedeutend für mich.

So bewertest du jedes einzelne Argument auf beiden Seiten.

Dann addierst du alle Punkte der jeweiligen Seiten getrennt voneinander. Sobald die Punktzahl einer Seite überwiegt, denkst du nicht mehr darüber nach. Du hast deine Entscheidung getroffen! Das hattest du schon vorher. Aber jetzt hast du es dir sichtbar gemacht. Die „Nachteil-Vorteil-Waage" ist ein Sichtbarmacher deiner schon zuvor gefällten Entscheidung. Es waren nur deine zu starken Zweifel, die dich unsicher gemacht haben.

Nur in ganz seltenen Fällen eines absoluten Punktgleichstandes gibt die Waage keine klärende Soforthilfe. In diesem Fall lohnt es sich, noch einmal frei in dir nachzuforschen, ob Argumente auf der Pro- oder auf der Contra-

Seite vergessen wurden, die einen entscheidenden Ausschlag geben.

Und jetzt kommt die zweite Entscheidungshilfe für dich:

2. Der Dialog mit dem inneren Zweifler oder Spalter

Solltest du dich nach dieser eindeutigen Klarheit deiner Argumente immer noch unsicher fühlen und zweifeln, ist deine Unsicherheit vermutlich in deinen Emotionen verankert und über die Ratio nicht erreichbar. Für die Gefühle sind rationale Argumente oft wie eine unbekannte Fremdsprache. Alle Gründe mögen hundert Prozent zutreffen, trotzdem bleiben die Gefühle davon unberührt und unverstanden. Deswegen wenden wir uns nicht mehr deiner Verstandesseite zu, sondern einer Ebene tiefer, deinen Gefühlen.

Dazu benötigst du deine Fantasie. Menschen, deren Zweifel im Gefühl festhängen, haben zum Glück oft eine sehr ausgeprägte Fantasie. Leider nutzen die Zweifel diese grandiose Fähigkeit aber in ihrem Sinne und befeuern dich mit Sorgen, Ängsten und Horrorvisionen. Bei dieser Übung nutzt du die Kraft deiner Fantasie und nicht deine Zweifler.

Führe die Übung mit Ruhe und mit Zeit durch. Du benötigst dafür drei Stühle, deine „Vorteil-Nachteil-Liste“ der „Nachteil-Vorteil-Waage“ und eine Schere. Zerschneide deine Liste in der Mitte und trenne dadurch die Vorteile von den Nachteilen. Stelle dir dann die Frage: „Wenn die Vorteile meiner Liste eine Person wären und einen Körper hätten, wie sähe diese Person dann aus? Wäre es eine Frau, ein Mann, wäre diese Person alt oder jung, groß oder klein? Deiner Fantasie sind dabei keinerlei Grenzen gesetzt. Nutze alle Möglichkeiten deiner Vorstellungskraft. Vielleicht entwickelst du bei dieser Vorstellung eine freie Fantasieperson, einen König, eine Prinzessin, einen Gnom oder eine Fee, vielleicht fällt dir aber auch ein dir bekannter Mensch aus deinem Leben ein, der diese Seite am besten repräsentiert. Oder ein Tier, eine Form oder Farbe, oder ein Klang oder Ton. Es ist ganz gleich, wie dein Repräsentant für deine Vorteile aussieht. Wichtig ist, dass es dir ein Gefühl von Stimmigkeit gibt.

Dann stelle dir die gleiche Frage mit der anderen Seite, mit der deiner Zweifel. Finde auch hier einen stimmigen Vertreter aus deiner Fantasie, mag es eine konkrete Person oder ein Gespenst oder auch nur eine bestimmte Farbe sein.

Sobald du die Vertreter beider Seiten aus deiner Fantasie entwickelt hast, frage dich, auf welchen Stuhl du beide und dich selber setzen würdest. Würdest du dich in die Mitte zwischen beide setzen? Wenn ja, wer von beiden säße dann links und wer rechts neben dir? Nimm dir auch für diese Frage ausreichend Zeit. Umso stimmiger dieses Bild deine Gefühle trifft, desto effektiver wird das Ergebnis der Übung für dich sein.

Wenn du die passenden Plätze für die Übung gefunden hast, nehme selbst deinen gewählten Platz ein. Auf die beiden anderen Stühle legst du als Vertreter die jeweiligen Auflistungen deiner Positiv-und-Negativ-Argumente. Dann lasse es auf dich wirken, wie es sich für dich anfühlt, da zu sitzen, wo du sitzt und die Auswirkungen der beiden Gegensätze wahrzunehmen.

Jetzt lasse Dialoge zwischen euch dreien entstehen. Wer von euch würde als erster das Wort ergreifen? Wer führt das Gespräch? Wen würde er oder sie ansprechen? Was würde er oder sie sagen? Wie würdest du, wie würde der andere Vertreter darauf reagieren? Lass ein kleines Drama zwischen euch entstehen, lass deine Fantasie dabei fließen. Lass bei diesem Dialog alles möglich sein, lass alles zu. Vielleicht hast du zu Beginn der Übung noch das Empfinden, dass du die Situation krampfhaft und künstlich konstruierst. Nach einer Weile wird es immer leichter aus dir herausfließen und sich immer mehr verselbstständigen. Wie auch bei der ersten Übung bringst du hier etwas nach draußen, was vorher in dir war. Du bringst nichts von außen in dich hinein, sondern umgekehrt. Durch die Übung wird es nur sichtbar und dadurch klarer. Lass die drei miteinander sprechen, diskutieren und verhandeln. Vielleicht möchtest du selber einmal den Platz wechseln und das Drama aus einer anderen Blickrichtung ansehen, aus der des Zweifel oder der des Überzeugten. Alles ist erlaubt bei der Übung, nichts überflüssig oder lächerlich. Was dabei passiert ist, dass du etwas Unsichtbares aus dir sichtbar machst. Und das hatten wir doch schon einmal an einer anderen

Stelle in dem Buch, dass die Geister das Rampenlicht nicht mögen, dass sie am einflussreichsten aus dem Verborgenen wirken. Die Tarnung gibt ihnen Kraft und Sicherheit. Das kleine Drama bringt deine eigene Sicherheit ans Licht. Spiele das Drama solange, bis deine Unklarheit sich ganz aufgelöst hat.

Diese beiden Übungen kannst du nach Belieben bei jedem größeren Thema, das du dir beim Minimieren vornimmst, immer wieder aufs Neue einsetzen, sobald du auf Zweifel in dir stößt. Umso geübter du darin wirst, desto leichter wird dir der Umgang mit deinen Zweifeln in Zukunft fallen. Sie werden an Macht und Einfluss über dich verlieren und ihren ursprünglichen Platz, den der aufmerksamen Wächter, einnehmen. Denn das ist ihre Aufgabe!

12. Lebensbereiche, die sich danach sehnen, von dir gegriffen zu werden

„Öffne der Veränderung deine Arme, aber verliere dabei deine Werte nicht aus den Augen."

Dalai Lama

An dieser Stelle möchte ich dich noch einmal deutlich an deine ganz individuelle Freiheit erinnern, die dich beim Minimieren immer führen und begleiten sollte. Es gibt keine Verpflichtung oder Notwendigkeit, dass du jedes der in den folgenden Kapiteln aufgeführten Themen für dich durch arbeitest. Die Auswahl deiner Arbeit liegt alleine bei dir. Du wirst deine eigenen Schwerpunkte dabei treffen, du kannst dir nur ein Kapitel davon auswählen, du kannst alle der Reihe nacheinander durcharbeiten, du kannst eigene Themen hinzu fügen, du kannst die Themen der Buchkapitel nur als Anreiz nehmen, um ganz andere, eigene zu finden. Es gibt keine feste Richtlinie. Aber ganz gleich wie du dich entscheidest, du wirst zu deinem Minimieren in dem Buch klare Richtlinien und Hilfen finden, wie du damit vorgehen kannst.

Bei meinem Wunsch, dich dabei frei zu lassen, ist es nicht ganz zu verhindern, dass meine eigenen Ansätze in den unterschiedlichen Materialsammlungen durchscheinen. Ich möchte mich persönlich im Vorfeld ein wenig outen, nicht, um mich selbstherrlich darzustellen, sondern damit du meine innere Haltung einschätzen kannst. So hat sie weniger Einfluss auf deine eigenen Standpunkte, weil du meine Werte und Ansätze nur als Beobachter wahrnehmen wirst, ohne dass sie dich beeinflussen wollen.

Wenn ich mich diesbezüglich vor dir ein wenig erkläre, solltest du folgendes von mir wissen:

Ich liebe die Natur, deswegen ist mir der ökologische und nachhaltige Ansatz und der Fortbestand unserer wunderschönen Erde wichtig. Ich bin schon seit mehr als vierzig Jahren konsequenter Vegetarier und versuche mich vollwertig und gesund zu ernähren. Der Buddhismus hat meinen Weg häufig gekreuzt und mich tief beeindruckt und geprägt. Ich bin furchtbar ordentlich und liebe die minimalistische Einfachheit.

Das alles wird bei der Auswahl meiner gesammelten Gedankenwasserfälle durchblitzen. Trotzdem habe ich mich stets bemüht, auch Material anderer Seiten mit einzubringen, damit du so unbeeinflusst wie möglich bleibst. Lass uns gemeinsam vertrauen, dass die Themen, die dich nicht so berühren, allenfalls als Fremdimpulse in dir wirken, die wieder vergehen werden. Mein Wunsch ist, dass du durch den Inhalt dieses Buches auf eigene Impulse in dir stößt, dass diese geweckt werden und sich nach deiner Entwicklung und Entfaltung sehnen. Deine innersten Impulse sollen angeregt werden und du verfügst durch das Buch über Techniken, wie du ihnen nachhaltig entgegen gehen und folgen kannst. Dass du dich für das Thema Minimalismus interessierst, zeigt der Umstand, dass du dieses Buch liest. Wenn du beim Minimieren deinen eignen Weg findest, ist mein Ziel des Buches erreicht.

In die meisten meiner Gedankenwasserfälle bringe ich etwas Ordnung, damit nicht alles kreuz und quer durcheinander purzelt. Ich mag Ordnung in jeder Situation. Sie sortiert nicht nur die Begriffe, mit denen ich mich beschäftige, sondern auch meine Gedanken. Meine Ordnung bei den Materialsammlungen trägt den mystischen Namen: **„AMUSTO“.**

A steht dabei für alle Fragen, die sich mit der Anschaffung beschäftigen,

M für alles, was mit dem Material zu tun hat,

U beschäftigt sich mit den Fragen der Umwelt,

S beschäftigt sich mit allem, das mit deinen Sinnen zu tun hat,

T mit allem, was mit Tieren und mit Tierfreundlichkeit zu tun hat und

O mit der Ordnung.

Die Amusto-Regel funktioniert nicht bei allen Themen vollständig, aber bei den meisten.

Fertige zu den Themen, die du minimieren wirst, deine eigenen Gedankenwasserfälle an. Zunächst frei und ungefiltert und gefüllt mit allen

Ansätzen, die dir dabei bedeutsam erscheinen.

Wenn du dir deine ganz eigenen Gedankenwasserfall zu einem Thema erstellt hast, lebe ein, zwei Tage damit und lese ihn dir immer wieder durch. Vielleicht fällt dir noch etwas ein, das du vergessen hast, vielleicht erscheint dir das eine oder andere im Nachhinein auf deiner Liste als unwichtig. In diesem Fall war es ein Fremdimpuls, den du wieder streichen kannst.

Nach einer kurzen Weile des inneren Wirkens erhältst du ein Extrakt deiner eigenen Materialsammlung.

Das ist deins!

Nun geht es im nächsten Schritt darum, herauszufinden, wie bedeutsam dein eigener Impuls dabei ist. Lies deine bearbeitete Materialsammlung noch einmal durch und lege anhand deiner Karten (wie im Kapitel sechs beschrieben) fest, wie wichtig dir das Durcharbeiten des Themas persönlich ist. Solltest du dich dabei auf Variante eins oder zwei festlegen, musst du jetzt an diesem Thema nicht weiterarbeiten. Verwahre deine Vorarbeit trotzdem für einen eventuell späteren Zeitpunkt. Vielleicht ist dir das Thema in der Zukunft einmal ungemein wichtig. Dann musst du nicht wieder ganz von vorne anfangen, sondern kannst an deiner eigenen Vorarbeit ansetzen. In diesem Fall wende dich dem nächsten Themenbereich zu, den du minimieren möchtest.

Solltest du dich aber bei Impulsstärke drei oder vier wiederfinden, dann wende dich mit diesem Lebensthema den Schritten drei, vier und fünf zu.

Ich habe bei den Gedankenwasserfällen bewusst die Ich-Form gewählt. Nicht, weil das Aufgeführte immer unbedingt meiner eigenen Meinung entspricht. Es geht ja nicht um meine Minimalisierung, sondern um deine. Aber in der Ich-Form kannst du leichter deine eigenen Ansätze und Impulse einfließen lassen. Alles, was für dich nicht zutrifft, lässt du einfach stehen und filterst das Deine heraus.

Fangen wir also mit dem ersten Gedankenwasserfall an!

13. Wohnen im Zelt oder im Palast: Minimalisierung in den eigenen vier Wänden

„Der Friede beginnt im eigenen Haus.“

Karl Jaspers

Es ist kein Zufall, dass ich dieses Kapitel als erstes für die Gedankenwasserfälle gewählt habe. Das Wohnen und die eigene Einrichtung werden mit dem Thema Minimalismus meist als erstes in Verbindung gebracht.

Viele haben dabei eine spartanisch eingerichtete Wohnung vor Augen, etwa wie eine Mönchszelle, mit Tisch, Stuhl, Bett und Schrank. Auf dem Tisch steht allenfalls eine einzelne Kerze, kein Krimskrams, kein Überfluss. Aber so muss deine minimalisierte Einrichtung nicht aussehen. Du hast deine ganz eigene Form.

Wenn du dich dem Thema zuwendest, kannst du erst noch einmal einen Schritt zurück treten und dich fragen, ob du das Zuhause hast, mit dem du dich identifizierst. Wohnen wir lange an einem Ort, stellen wir uns diese Frage meist gar nicht mehr. Aber es lohnt sich, diese Frage hin und wieder neu aufzugreifen. Vielleicht wollten wir immer schon einmal unseren Wohnort verändern, hatten bisher aber nicht den nötigen Mut dazu. Oder unsere Lebenssituation hat sich verändert. Was früher noch stimmig war, stimmt heute nicht mehr. Vielleicht hatten wir als Kind den Traum, in einem Zirkuswagen zu leben und haben uns niemals die Frage gestellt, weshalb wir uns diesen Traum niemals erfüllt haben. Oder wir leben immer noch in der engen Zweizimmerwohnung, in die wir nach unserem Auszug aus dem Elternhaus erst einmal gezogen sind und haben gar nicht bemerkt, dass wir uns eine stimmigere Wohnen leisten könnten. Oder wir wohnen immer noch auf dem Land fernab aller Kultur, die wir so lieben oder umgekehrt, wir hocken mitten in der Großstadt und träumen vom Leben auf dem Land.

Nur Mut! Suche deinen Traum und erfülle ihn dir. Deine Lebensqualität kann dadurch nur bereichert werden.

Solltest du dir aber sicher sein, in der passenden Wohnung zu wohnen oder sollte dir ein Wechsel derzeit nicht möglich sein, wenden wir uns der Einrichtung deines Zuhauses zu.

Die Möbel und die Einrichtung könnten nach unzähligen, unterschiedlichen Auswahlverfahren und Kriterien getroffen werden. In welchen davon findest du dich wieder, welche sind dir wichtig?

Nimm dir Papier und Stift zur Hand und lies dir meinen Gedankenwasserfall langsam und aufmerksam durch. Sobald deine Aufmerksamkeit an einem der Begriffe hängen bleibt, schreibe ihn dir auf. Wenn du durch meine Sammlung neue Ideen entwickelst oder andere Inspirationen findest, dann schreibe diese ebenso in deine eigene Materialsammlung. Dabei kann dir das bereits bekannte AMUSTO-Schema eine Hilfe und Orientierung sein.

A: Anschaffung

- Ist es mir wichtig, dass ich meine Einrichtungsgegenstände kostenfrei erworben habe?
    - vom Sperrmüll
    - geschenkt
    - geerbt
        - Oder ob ich sie besonders günstig erworben habe?
    - vom Flohmarkt
    - aus privaten Kleinanzeigen
    - dem Sozialkaufhaus
    - von Freunden
- Sollte meine Einrichtung größtmögliche Schlichtheit und Einfachheit aufweisen?
- Welche Rolle spielt der Wert der Gegenstände für mich?
    - vom Preis

- vom Material
- von der Herkunft
- von der Geschichte, die ich damit verbinde
- wegen des Menschen, von dem ich sie bekommen habe

• Habe ich bei meiner Einrichtung spezielle Schwerpunkte, bei denen ich mich besonders wohl fühle?

  - nur antike Möbel
  - viel Verspieltes oder Kitschiges
  - persönliches Bedeutungstragendes
  - so wenig wie möglich
  - vorwiegend oder ausschließlich von regionalen Handwerkern hergestellt
  - eine bestimmte Landeszuordnung (zum Beispiel: asiatisch, afrikanisch)

• Suche ich eine Anlehnung an eine bestimmte Zeitepoche oder Stilrichtung?

  - Spartanisch
  - Mittelalter
  - Barock
  - Bauhausstil
  - Gaudi
  - Hundertwasser

- Anthroposophische Architektur
- Moderne

M: Material

- Wie bedeutsam ist für mich die Beschaffenheit des Materials
    - Natur
    - Kunststoff
    - Holz
    - Stein
    - Kork
- Wie wichtig ist mir bei der Materialauswahl eine Anlehnung an das bewohnte Haus?
    - Stilrichtung
    - verwendetes Baumaterial
    - Ort und Lage des Hauses (am Meer, in den Bergen, in der Stadt)

U: Umwelt

- Will ich mich ausschließlich mit Biomaterialien umgeben?
- Will ich viele Pflanzen in meinem Wohnraum?
- Möchte ich Wasser in der Wohnung?
    - Brunnen

- Aquarium

- Wie viel Garten wünsche ich mir in meinem Zuhause?
  - Wenn es bei der Wohnung nicht möglich ist, könnte ich einen Garten außerhalb dazu mieten?
  - Könnte ich eine Gartengemeinschaft gründen?
  - Kann ich meinen Balkon begrünen?

S: Sinne

- Verbinde ich mich mit einer bestimmten Farbe oder Farbkombination?
  - nur weiß
  - dezent bunt lasiert
  - kraftvoll bunt
  - einfarbig
  - grell, neonfarben
- Lasse ich mich von einer bestehenden Richtung beraten?
  - FengShui
  - Ökologisch
  - natürlich
- Welchen Einfluss haben die bestehenden Lichtverhältnissen der Wohnung für mich?
- Welche Rolle spielt mein Wohlgefühl in meinem Zuhause?

- „Schon beim Gedanken an mein Zuhause fühle ich mich wohl."

- Wie wichtig ist mir mein Identifikationsempfinden?
  - „Das ist genau mein Zuhause!"
- Finde ich hier die Ruhe, nach der ich mich sehne?
  - Habe ich zuhause einen festen „Ort der Stille", an den ich mich zum Meditieren oder zum Erholen immer wieder zurückziehen kann?
- Gibt es energetische Kraftorte in der Wohnung (eventuell einen Wünschelruten-Gänger hinzuziehen)?
- Will ich den Wechsel der Jahreszeiten in der Wohnung wieder finden? (Gestaltung, Jahreszeitentisch)
- Wie viel Musik möchte ich in der Wohnung?
  - Gute Stereoanlage und Lautsprecher
  - Einen Musikraum
  - Musikinstrumente
- Welchen Geruch möchte ich in meinem Zuhause haben?
  - Räucherstäbchen oder Duftkerzen
  - Blumen
  - Duftöllampen
- Mit welchen Geräuschen möchte ich mich umgeben?
  - Zimmerbrunnen
  - Kein Straßenlärm

- Windspiele

- Wie viel originale Kunst wünsche ich mir in meinem Zuhause?
    - Der Unterschied zwischen kopierter Kunst und originaler Kunst ist für die Seele gravierend.
- Möchte ich Erinnerungen an meinen Wänden haben?

T: Tierfreundlichkeit

- Wie wichtig ist mir der Aspekt „Vegan“ bei der Einrichtung?
- Möchte ich mich mit Tieren in der Wohnung umgeben?
- Wo sollen Tiere in meinem Zuhause einen Platz finden? Überall oder an ausgewählten Plätzen?

O: Ordnung

- Wie wichtig ist eine praktische und sinnvolle Einrichtung für mich?
    - kurze Wege
    - sinnvoller Ort zur Aufbewahrung von Gegenständen
- Gibt es eine sinnvolle Aufteilung nach Arbeitsbereichen (Anregung) und nach Ruhebereichen (Loslassen)?
- Will ich nur das absolut Nötigste und nicht mehr?
- Gibt es den Raum für Gäste und für Begegnung, die ich mir zuhause wünsche?
    - Gästebett oder Gästezimmer
    - Großer Esstisch, lange Tafel

- Wie wichtig ist mir die Möglichkeit der bequemen Reinigung und des Putzens?
- Wie bedeutsam ist eine leichte Hygiene für mich?
- Brauche ich besondere, inspirierende Orte?
    - Künstleratelier
    - Musikzimmer
    - Schreibzimmer

Nachdem du den ersten Schritt der Minimalisierung dieses Lebensbereiches gegangen bist und deinen eigenen Gedankenwasserfall bezüglich deines Wohnraums angefertigt hast, lasse diesen ein paar Tage in dir wirken. Dann prüfe als zweiten Schritt mit deinen Impulskarten, wo dein eigener Impuls liegt. Ist es dir ein Anliegen, jetzt in diesem Lebensbereich aktiv zu werden und mit dem nächsten Schritt der Durcharbeitung fortzufahren? Oder verwahrst du deine Materialsammlung für einen späteren Zeitpunkt? In diesem Fall kannst du deine Arbeit beim nächsten Kapitel fortsetzen.

Solltest du dieses Thema jetzt weiter angehen, folgt der dritte Schritt: Erkenne deine Gegner der anstehenden Veränderungen. Weiche nicht vor ihnen aus.

<u>Typische Gegner einer Lebensveränderung in diesem Lebensbereich sind zum Beispiel:</u>

- „Es ist viel zu aufwendig und zu teuer mein Zuhause zu verändern."
- „Ich gehe das Thema später einmal an, wenn ich mehr Zeit dafür habe."
- „Es hat doch bisher auch gereicht, weshalb sollte ich das ändern?"

- „Das ist alles viel zu viel, das schaffe ich nie während meines stressigen Alltages."
- „So wichtig ist es nun auch wieder nicht hier etwas zu verändern."
- „Was denken die Leute, wenn ich etwas an meinem Wohnort verändere oder von hier wegziehe?"
- „Eigentlich ist es doch ganz gemütlich bei mir zuhause."

Dies sind einige Beispiele, durch die deine Gegner in dir gegen eine Wohnveränderung rebellieren. Lehne dich einen Augenblick zurück und lasse die Sätze als Betrachter auf dich wirken. Und dann mache dich stark zum Gegenschlag.

Besonders hilfreich sind häufig folgende Übungen aus deinem Stark-Mach-Programm:

- Übung 1: „Nicht mit mir!"
- Übung 4: „Heute nicht nach Schema F."
- Übung 7: „Lust auf Loslassen."
- Übung 8: „Dein bester Freund, dein Minimalisierungs-Begleiter."

Frisch gestärkt durch deine Übungen geht es dann weiter zu Schritt 5, dem Handeln und Ändern.

Vergiss danach nicht, deine erzielten Erfolge durch Übungen des Kapitel 10: „Im Fluss Bleiben" zu festigen.

14. Des Kaisers neue Kleider: Minimalismus um deinen Körper

„Wenn wir es recht überdenken, so stecken wir doch alle nackt in unseren Kleidern."

Heinrich Heine

Nach der Durcharbeitung deines Wohnraumes rücke ich dir noch näher auf die Pelle: jetzt geht es um deine zweite Haut, deine Kleidung.

Das Kapitel trägt den Titel: „Des Kaisers neue Kleider“, weil ich dieses gleichnamige Märchen von Hans Christian Andersen seit Kindheitstagen liebe. Ich finde es so herrlich dargestellt, wie Menschen ihre eigene Wahrnehmung einer Hierarchie unterordnen und wie der Kaiser auf den geschickten Betrug hereinfällt und zu stolz ist, seiner eigenen Wahrnehmung zu vertrauen. Wenn du es nicht kennst oder wenn du dich nicht mehr daran erinnern kannst, ist es zu lesen empfehlenswert.

Durch die Kleidung präsentieren wir uns unserer Umwelt. Die anderen können viel von uns daran ablesen. Unsere Kleidung „zieht uns vor den anderen im gewissen Sinne aus“. Wir demonstrieren, ob wir arm, reich oder mittelständig sind. Wir lassen erkennen, ob wir Geschmack und Stil haben, ob wir Wert auf unser Äußeres legen. Wir präsentieren, ob wir einer bestimmten Gruppierung angehören. Wir lassen erkennen, wo unsere Werte im Leben liegen, ob wir auf Pflege und Sauberkeit achten. Ist es uns wichtig, uns von den anderen abzuheben, etwas Besonderes zu sein? Wie in einem Buch lesen die anderen in uns über die Auswahl unserer Kleider. Und wir lesen in den anderen. Kleidung kann ein erster „Sympathieträger” oder ein „Abweiser“ in Begegnungen sein. Sie wirkt in uns und in anderen, ob wir das wissen oder nicht, ob wir das wollen oder nicht.

Die Kleidung ist seit jeher bedeutend für die Menschen. Der Adel hob sich dadurch unmittelbar sichtbar vom Bauern oder Bettler ab. Und jeder fügt sich mehr oder weniger in diese Klassifizierung ein. Selbst wenn du die Klassifizierung ablehnst, hat sie einen Einfluss auf dein Leben und auf dein Empfinden. Es ist also gut, seine eigene Identität dabei zu finden. Es macht es uns leichter wir zu sein und zu uns zu stehen.

Ich selber habe als Anfang-Zwanzigjähriger sehr mit dem Thema „gekämpft“. Ich hatte den Wunsch, nein, ich war besessen von der Idee, mir alles, was ich im Leben benötige, selber herstellen zu können. Für mich begann ab da eine aufwendige Lehrzeit und für meine Mitmenschen eine harte Zeit. Denn ich war konsequent mit diesem Anliegen. Bis auf meine Unterwäsche, meine Strümpfe und meine Schuhe begann ich, mir alles selber herzustellen. Ich begann das Stricken zu erlernen. Ohne Anleitung. Ich war stur und eigen. Dabei verdrehte ich jede Masche. Das war nicht weiter schlimm, denn dadurch, dass alle verdreht waren, stimmte es ja wieder. Ich kaufte mir eine Nähmaschine. Zuerst eine fußbetriebene, später, weil meine Näherei ausufernde Ausmaße annahm, eine elektrische. Ich nähte mir meine Hemden, meine Hosen, meine Jacken und meinen gefütterten Wintermantel. Nichts ließ ich mir von anderen zeigen, ich wollte alles von Grund auf selber heraus finden. Natürlich machte ich Fehler dabei. Ich verbrachte Stunden damit, mir ein Schnittmuster einer Hose zu erarbeiten und es dann zu korrigieren. Ich kaufte frisch geschorene Wolle bei einem Schäfer, wusch die Schafsköttel in der Badewanne heraus, kardierte die gewaschene Wolle mit Handkarden, kaufte mir ein Spinnrad, lernte mühsam das Spinnen, kaufte mir einen großen Webstuhl und erlernte aufwendig das Weben. Ich strickte, webte mir meinen eignen Stoff, vernähte diesen. Ich begann zu sticken und meine selbst hergestellte Kleidung mit aufwendigen Motiven zu schmücken. Erst nur für mich, später auch für meine lieben Mitmenschen. Alle wurden beschenkt mit meiner von Grund auf selbst hergestellten Kleidung. Um keine falschen Eindruck dabei entstehen zu lassen: ich machte das alles, aber ich konnte es nicht! In dieser Zeit hätte ich ungeschminkt als der Vogelfänger Papageno in einer Aufführung der Zauberflöte auftreten können. Und ich will nicht wissen, in wie viele Peinlichkeiten ich meine Freunde gebracht habe, indem diese meine aufwendig hergestellten Geschenke, zum Gelächter aller, in der Öffentlichkeit tragen „durften“.

Später, als junger Ehemann beglückte ich meine Frau, indem ich ihr einen Teil ihres Hochzeitskleides selber anfertigte und als junger Vater strickte ich für meine armen Kinder kratzige bunte Wollmützen und auffällig genähte und bestickte Jacken. Ich will mit meiner Vergangenheit nicht prahlen. Vermutlich lockte ich damit mehr Schatten als Sonnenschein hervor. Ich will damit nur deutlich machen, dass ich mir das Thema „Minimalisierung und Identifizierung über die Kleidung" bis in die Wurzeln vorgeknöpft habe. Ich weiß also wovon ich spreche!

Keine Sorge, ich gebe dir jetzt nicht die Empfehlung meinem aufwendigen Beispiel zu folgen. Ich war seit jeher sonderbar und werde es vermutlich auch immer bleiben. Aber du solltest spätestens nach dem Lesen dieses Kapitels wissen, wie du deine eigene Minimalisierung der Kleidung angreifen kannst oder ob du es schon längst getan hast.

Bei der Kleidung gibt es heute unzählige Richtungen und Gesichtspunkte. Im Angebot der Sport- und Funktionskleidung kann man sich heute leicht verlieren. Früher hat man zum Sport bequeme Kleidung getragen. Heute kann man den Spitzensportler von einem blutigen Sportanfänger nicht mehr durch seine Kleidung unterscheiden. Bei beiden ist das Outfit perfekt auf die spezifischen Bedürfnisse des jeweiligen Sportes abgestimmt.

Wenden wir uns jetzt also dem Gedankenwasserfall zu diesem Thema zu: wir beginnen hierbei wieder, mit der schon bekannten „Amusto-Einteilung". Halte jeden Impuls, der dich beim Lesen anspricht, auf ein Blatt Papier fest und vervollständige diese Aufzeichnungen mit deinen eigenen Gedanken, die bei dem Thema geweckt werden.

A: Anschaffung

- Ist es mir wichtig, dass ich meine Kleidung kostenfrei erworben habe?
    - geschenkt
    - geerbt

- Oder ob ich sie besonders günstig erworben habe?
  - Second-Hand-Laden
  - vom Flohmarkt
  - aus privaten Kleinanzeigen
  - dem Sozialkaufhaus
  - von Freunden
  - bei Kollektionswechseln der Geschäfte
- Sollte meine Kleidung größtmögliche Schlichtheit und Einfachheit aufweisen?
- Welche Rolle spielt der Wert der Kleidung für mich?
  - vom Preis
  - vom Material
  - von der Herkunft
  - von der Geschichte, die ich mit diesem Kleidungsstück verbinde
  - wegen des Menschen, von dem ich sie bekommen habe
- Ist es mir wichtig, wenig, aber stimmige Kleidung zu besitzen?
- Wie wichtig ist mir eine faire Herstellung der Kleidung?
  - Bin ich bereit, dafür mehr auszugeben?
  - Achte ich darauf, dass die Kleidung nicht durch Kinderarbeit hergestellt wurde?

- Achte ich darauf, dass die Kleidung keine langen Anfahrtswege hatte und ich dadurch zum Umweltschutz beitrage?
- Kann ich neue Formen der Kleidergewinnung finden?
- Einen regelmäßigen Kleidertausch mit guten Freunden.
- Möchte ich mir einige Kleiderstücke selber herstellen können?
    - Nähkurs
    - Strickkurs
    - Ledernähkurs
- Ich könnte mir Kleidung bei einer Reise nach Asien oder Afrika eventuell maßschneidern lassen und die lokalen Schneider dort unterstützen.
- Fühle ich mich mit dem Sortiment der gegenwärtigen Mode wohl oder suche ich meine dauerhaftere, individuelle Kleidung?

M: Material

- Ist mir das Material gleichgültig?
- Ist mir das Material wichtiger oder das Aussehen?
- Achtung für Haut-Empfindliche: manche schwarz gefärbte Kleidung kann, wenn sie neu und ungewaschen ist, schlimme Hautausschläge auslösen.

U: Umwelt

- Bevorzuge ich Naturmaterialien und investiere ich dafür mehr?
- Möchte ich „gesunde Kleidung“ im Hinblick auf Material, Form, Farbe oder Herstellungsprozess?
- Ich könnte häufiges Kleiderwaschen durch eine regelmäßige Desinfektion der Schwitzstellen reduzieren.
- Ich könnte Synthetikkleidung (Zum Beispiel Fleecekleidung) in einem speziellen Beutel in der Waschmaschine waschen und dadurch verhindern, dass Mikroplastik in die Gewässer abgegeben wird.

S: Sinne

- Die Kleidung ist meine zweite Haut, ich möchte mich darin wohl fühlen und sie sollte zu mir passen.
- Zu all den unterschiedlichen Figuren und Körpern der Menschen gibt es passende Kleidung, die meiner Figur durch Form, Farbe oder Stoffmuster schmeichelt.
- Passt die Kleiderfarbe zu meiner Haut- und zu meiner Haarfarbe? Es ist angenehm, wenn man eine stimmige Ausstrahlung auf andere hat.
- Kleidung kann meine Individualität unterstreichen.
- Ist es mir angenehmer dezent im Hintergrund zu bleiben oder genieße ich es unter anderen aufzufallen und mich abzuheben?
- Andere können manchmal an meiner Kleiderwahl meine derzeitige Stimmung erkennen.

- Ist es mir wichtig, ob ich anderen gefalle oder interessiert mich das nicht?
- Möchte ich der Mode folgen?
- Kann ich das Tragen von stimmiger Kleidung genießen?
- Fühlt mein Selbstbewusstsein sich von meiner Kleidung unterstützt?
- Kann ich mich mit dem Kauf eines neuen Kleidungsstückes für das Weggeben alter Kleidung belohnen?

T: Tierfreundlichkeit

- Sollte meine Kleidung vegan sein?
- Suche ich langlebige Lederkleidung oder Pelze? (Als Vegetarier fällt mir diese Anregung nicht leicht aber ich habe ja versprochen wertfrei bei der Materialsammlung zu bleiben und im Hinblick auf Langlebigkeit und Wärmen gehören Leder und Pelze auf jeden Fall in die Sammlung hinein. Jeder entscheidet für sich und für sein Gewissen.)

O: Ordnung

- Wenn ich die „richtige Kleidung" für mich gefunden habe, könnte ich mir zur Zeitersparnis gleich drei davon kaufen.
- Ich könnte immer die gleichen Strümpfe/Hosen/Hemden im gleichen Geschäft kaufen und dadurch Mühe beim Kaufen sparen.
- Ich könnte mir regelmäßig meine eigene Jahreszeitenkollektion aus nur wenigen, aufeinander abgestimmten Stücken im Kleiderschrank zurecht legen und diese zur folgenden Jahreszeit wechseln.

- Regelmäßiges Ausmisten kann meine Mitmenschen erfreuen, wenn ich alles Überflüssige verschenke.

Du siehst, die Möglichkeiten, deine Kleidung zu Minimieren sind unerschöpflich. Und gerade in diesem Bereich ist es leicht, sich entweder klar zu identifizieren und sich darin treu zu bleiben oder die Möglichkeit der Neufindung zu nutzen und diese Veränderung immer wieder aufs Neue zu genießen. Es bleibt deine Freiheit.

Aber beleuchten wir vor der Veränderung erst wieder einmal die Gegner und Widersacher dabei.

<u>Klassische Verhinderungssätze in diesem Bereich wären zum Beispiel:</u>

- *„Morgen ist auch noch ein Tag zum Ändern."*
- *„Das reicht erst einmal, den Rest mache ich morgen."*
- *„Das könnte ich noch einmal tragen, das gebe ich nicht ab."*
- *„Das habe ich geschenkt bekommen. Oma wäre traurig, wenn sie mich nicht in dieser Kleidung sähe."*
- *„Wer weiß, ob ich mir in Zukunft noch neue Kleidung kaufen kann."*
- *„Ich will nicht zur Wegwerfgesellschaft gehören, das ist doch noch gut genug."*

Passende Übungen gegen diese Feinde sind:

- Übung 1: „Nicht mit mir!"
- Übung 4: „Heute nicht nach Schema F."
- Übung 5: „Scharfe Sinne, blanker Genuss."
- Übung 7: „Lust auf Loslassen."
- Übung 8: „Dein bester Freund, dein Minimalisierungs-Begleiter."

Und jetzt, viel Freude beim bewussten Greifen deiner zweiten Haut!

15. Löffelchen und Gäbelchen: Minimalismus in Haushalt und Küche

„Wenn du die Absicht hast, dich zu erneuern, tue es jeden Tag."

Konfuzius

Ein ähnlich intimes Thema, wie die Kleidung, ist der Bereich der Küche und des Haushalts. Auch hier findet sehr viel Kult mit unseren Besitztümern statt.

Oft identifizieren wir uns mit unseren Küchen- und Haushaltsgeräten, sie repräsentieren unsere ganz speziellen Eigenarten und Besonderheiten, unsere exotischen Vorlieben, unseren außergewöhnlichen Geschmack, unsere Gourmeterfahrungen. Diese Dinge stehen oft dafür, wie gut wir uns in der Welt der feinen Leute auskennen. Ein Küchenmesser ist nicht nur ein Haushaltsgerät für uns, sondern es muss von einer besonderen Marke sein oder einen besonderen Schliff haben. Wir verschaffen uns Achtung vor anderen, wenn diese sehen, mit welchen Haushaltsgeräten wir uns im Alltag umgeben.

Das Bedürfnis, solche besondere Dingen zu besitzen, widerspricht nicht unbedingt den Gesetzen des Minimalismus. Im Gegenteil: Wenn du deinen Haushalt nach der Bearbeitung dieses Buches durchgehst, wirst du danach vermutlich mehr „besondere Gegenstände" besitzen, als vorher. Aber es werden mit Sicherheit deutlich weniger sein. Der Schwerpunkt wird vermutlich mehr auf Qualität und Nachhaltigkeit liegen. Wenn du beginnst, deinen Haushalt zu minimieren, fülle deine Küche Stück für Stück mit deinen besonderen Gegenständen. Beginne mit deinem eigenen Geschirr. Finde dabei wieder deinen Impuls, ob es möglichst günstig oder kostenlos sein sollte oder ob es ein extra für dich getöpfertes Gedeck aus einer besonderen Region sein sollte, das dich dein Leben lang begleiten wird. Alle Varianten sind völlig in Ordnung und entspringen deiner eigenen Freiheit.

Dein minimalisierter Grundstock an Geschirr sollte aus einem Teller, einem Schälchen, einer Tasse oder einem Becher, aus einem guten Messer, einem Löffel und einer Gabel bestehen. Nachdem du das festgelegt hast, steht dieser Grundstock schon einmal.

Sobald du „dein Geschirr" gefunden hast, frage dich, wie viel Menschen du in deinem Haushalt gerne bewirten können möchtest. Ich meine nicht, dass du dich darauf festlegst, wie viele Gäste du bis an dein Lebensende haben wirst, sondern, dass du dich fragst, ob du eher jemand bist, der häufig Gäste empfängt und das auch spontan oder ob das bei dir die Ausnahme ist. Im zweiten Fall wäre das Angebot, jeder Zeit Gäste empfangen zu können, unpassend. Du hast schnell einmal für einen besonderen Augenblick ein Service bei Freunden geliehen.

Dann erweitere deine Minimal-Küchenausrüstung durch Kochgeschirr. Auch hier lege erst wieder „deinen Stil" fest. Gebraucht oder umsonst oder besonders von Beschaffenheit und Aussehen. Aber auf jeden Fall nur das Allernötigste. Zwei unterschiedlich große Töpfe und eine Pfanne oder einen Wok.

Diese erste Festlegung empfehle ich allen Minimalisten. Danach orientierst du dich dann wieder, wie bei den anderen Themen, an deinen Impulsen und an deinem eigenen Gedankenwasserfall. In diesem Fall war die Vorauswahl wichtig, da wir dieses Sortiment sicher zum Leben benötigen. Das sollte dein Grundstock sein, den du dann erweiterst oder ihn so belässt.

Jetzt folgt wieder der Gedankenwasserfall zu dem Thema nach dem Amusto-Schema:

Anschaffung:

- Was benötige ich tatsächlich an Küchengeräten? Benutze ich alle? (Spülmaschine, Mikrowelle, Gefrierfach, Nudelmaschine, Eismaschine) Überschneiden sich einige Funktionen? Wenn ja, trenne ich mich von überflüssigen Geräten, indem ich sie verschenke oder verkaufe?

- Wenn ich außergewöhnliche Geräte benötige oder ich mir neue Geräte kaufen muss, achte ich auf Langlebigkeit und auf Ökologie (Stromverbrauch, langlebiges Material).

- Brauche ich wirklich den Messerblock mit 12 scharfen Messern oder tun es auch drei gute in drei Größen?

- Vor dem Kauf eines neuen Gerätes lohnt es sich, im Sozialkaufhaus nachzusehen, ob dort solche ein Gerät günstig verkauft wird.

Material:

- Ich versuche Plastik in der Küche so viel wie möglich zu vermeiden. Edelstahl, Holz und Keramik fühlen sich schöner an.

Umwelt:

- Ich versuche Plastik zu vermeiden, so oft es mir gelingt. Die Plastikindustrie wird erst dann einlenken, wenn kein Interesse mehr an ihrer Ware besteht. Solange sie noch gekauft wird, werden sie weiter produzieren. Und die Auswirkungen unserer Plastikfixierung sind katastrophal!

- Ich greife immer wieder auf die guten, alten Einmachgläser zur Aufbewahrung und zur Lebensmittellagerung zurück. Das hat sich über Jahrzehnte bewährt und schadet der Umwelt nicht.

- Papierservietten versuche ich zu vermeiden. Benötige ich tatsächlich Servietten in meinem Haushalt, dann greife ich auf Stoffservietten zurück.

- Aus ökologischen Gründen vermeide ich Alu- und Plastikfolie. Beides schadet der Umwelt. Sollte ich zum Überbacken etwas zum Abdecken des Essens benötigen, verwende ich Backpapier anstelle von Alufolie oder eine Dauer-Backfolie, die immer weiter benutzt wird und die gereinigt werden kann. Das Backpapier kann über der Backform leicht mit Metallbüroklammern befestigt werden, damit es von der Heißluft nicht weggeweht wird.

- Ich entscheide mich beim Staubsaugerkauf für einen beutelfreien Staubsauger. Er kostet in der Anschaffung oft mehr, aber der günstigere Preis amortisiert sich bereits im ersten Jahr der Anschaffung, weil Beutel unverschämt teuer und nicht ökologisch sind.

- Man kann mit wenig Aufwand etliche Hausreinigungsmittel billig selber herstellen. Oft braucht es nicht unzählige spezielle Reiniger, die biologisch schwer oder gar nicht abbaubar sind. Es gibt mittlerweile gute Anleitungsbücher zu dem Thema der Selbstherstellung von Reinigungsmitteln oder gute Seiten im Internet dazu. Ein hervorragendes Buch zu dem Thema finde ich: „Ohne wenn und Abfall" von Milena Gombovski. Die Autorin hat sich intensiv mit dem Thema Abfallvermeidung im Alltag beschäftigt. Und ihr Buch beinhaltet etliche Rezepturen, wie man sich Reinigungs- und Pflegemittel mit einfachen Mitteln selber herstellen kann. Das ist nicht nur minimalistisch, sondern ebenso kostengünstig und ökologisch. Ein super Kombination für alle ernsthaften Minimalisten. Außerdem existieren zu dem Thema noch zwei weitere hervorragende Bücher mit etlichen Rezepturen zu selber Herstellen vom Team Smarticular: „Selber machen statt kaufen. Haut und Haar" und „Selber machen statt kaufen. Küche."

- Brauche ich wirklich einen Trockner zum Trocknen der Wäsche oder ist das übertriebener und unökologischer Luxus?

Sinne:

- Ich verwöhne meine Sinne in der Küche durch Anreize, wie besondere Farben des Geschirrs und durch das Aufhängen von Kräutern oder Blumen

Tierfreundlich:

- Bei aller Tierliebe, belasse ich diese bei der Du-und-Du-Beziehung und nicht im Kauf vermenschlichter Gegenstände, wie unterschiedlicher Näpfchen für unterschiedliche Anlässe.

Ordnung:

- Ich achte bei der Gestaltung und der Einrichtung der Küche auf Praxisnähe. Kurze Wege beim Kochen und Aufräumen, sinnvolle Orte (Gewürze, Töpfe und Pfannen gleich beim Herd).

- In der Küche verwahre ich ausschließlich Koch-und Küchenartikel, damit dort kein Sammellager für alles, das sonst keinen Platz findet, entsteht. Findet ein Gegenstand keinen sinnvollen Platz, überdenke ich dessen Sinn für mich.

- Ich verbiete den Einwurf von Werbung in meinen Briefkasten. Dadurch trage ich zu einer Reduzierung der Papierherstellung bei und schütze mich im gleichen Zuge vor dem Einfluss der Werbung direkt in meinem Haus.

- Ich halte alle Ablageflächen frei und sauber. Jedes vergessene oder „gerade-mal-abgelegte-Teil" auf einer Ablage ist ein magischer Anzugspunkt für mehr, was sich dazu legen will. Es ist zutiefst befriedigend, wenn alles im Haushalt gepflegt ist und seinen festen Platz hat und sofort einsatzbereit ist.

Das ist einer der Kerngesetze meines Minimalisierens: die präzise Ordnung meiner wenigen Dinge.

Jetzt bist du an der Reihe. Welche Schwerpunkte hast du bei diesem Thema für dich heraus gefunden? Ist eine Richtung davon besonders in den Vordergrund getreten oder hast du entdeckt, dass du unbewusst sowieso schon sehr viel in deinem Haushalt minimiert hast?

Die positive Wirkung der Minimalisierung wirst du beim Thema Haushalt sehr schnell und unmittelbar spüren. Ein gut durchminimalisierter Haushalt tut der Seele so gut. Und wenn du es einmal konsequent umgesetzt hast, wird es dir leicht fallen, diese neue Struktur beizubehalten.

Vorsicht, wenn du dabei Sätze, wie diese in dir findest:

- *„Bloß keine Veränderung im Haushalt."*
- *„Jetzt ist der falsche Zeitpunkt für eine Veränderung."*
- *„Morgen ist auch noch ein Tag."*
- *„Ich will nicht zur Wegwerfgesellschaft gehören. Das könnte ich später noch einmal gebrauchen."*
- *„Ich brauche das selber zwar nicht, aber vielleicht kann ich es eines Tages jemanden schenken, der es gebrauchen kann. Ich lasse es erst einmal liegen."*

Und so weiter. Das sind wieder die heimtückischen Stimmen deiner Gegner, die zum Frontalangriff auf deine Veränderungsimpulse antreten, nicht deine eigenen.

Mache dich stark dagegen mit deinen Übungen aus Kapitel Acht.

Dabei können dir folgende Übungen besonders hilfreich sein:

- Übung 1: „Nicht mit mir!"
- Übung 2: „Ich kann nicht klagen."
- Übung 4: „Heute nicht nach Schema F."
- Übung 5: „Scharfe Sinne, blanker Genuss."
- Übung 7: „Lust auf Loslassen"
- Übung 8: „Dein bester Freund, dein Minimalisierungs-Begleiter"

Ein minimalistischer Haushalt ist jeden Tag aufs Neue eine Freude und Wohltat. Aber Vorsicht: da wo viel gearbeitet wird, wo im Alltag besonders viel bewegt wird, schlagen die Veränderungsgegner besonders gnadenlos zu. Sichere dir jeden errungenen Erfolg mit gut sichtbaren Minimalisierungssiegeln. Dann bleibt der Erfolg bei dir.

16. Die eigene Biografie-Schatzkiste: Der Rest ist Plunder

„Wenn die Zeit kommt, in der man könnte, ist die vorüber, in der man kann."

Marie von Ebner-Eschenbach

Was die materiellen Güter angeht, fehlt jetzt noch der große Bereich des Plunders. Damit ist alles gemeint, das keine eindeutige Gebrauchszuordnung im Haus findet, also Ziergegenstände, Schmuck, Dekorationsartikel, Geschenke und so weiter. Manche Haushalte quellen vor diesen Gegenständen geradewegs über und bestimmen den Stil der Wohnung.

Artikel dieser Art sind zunächst einmal sehr zeitaufwendig. Sie stehen im Weg, verstauben, rauben uns Arbeitsflächen, müssen gepflegt und gereinigt werden, benötigen Aufmerksamkeit. Das klingt jetzt alles sehr negativ. Aber gerade diese Artikel erfahren unsere Zuneigung, da sie Erinnerungsträger sind. Oft kann man sich gerade von ihnen wegen ihrer Bedeutung schwer trennen, obwohl sie keinen Nutzen haben oder sinnlos erscheinen.

Eine Möglichkeit wäre es, alles was in die Kategorie „Plunder" fällt, einfach wegzuwerfen oder zu verschenken und den Plunder damit in anderen Haushalten anzuhäufen. Aus den Augen, aus dem Sinn. Aber so leicht geht das nicht immer und schließlich wäre es vom ökologischen Blickwinkel auch verwerflich, wenn wir alles im Müll entsorgen würden.

Die Bedeutung von Plunder möchte also im gewissen Rahmen geschützt werden. Das steht Minimalisierungs-Bestrebungen häufig massiv im Weg. Wie sieht das aus, wenn man eine konsequente Minimalisierung der Möbel, der Kleidung und der Haushaltsgegenstände durchgeführt hat und dann die wenigen Möbelstücke vor sinnlosen Staubfängern überquellen? Das lässt an der Aufrichtigkeit des Vorhabens stark zweifeln.

Und gerade diese Gegenstände tragen wichtige Bestandteile unserer eigenen Biografie in sich. Stell dir vor, alle diese Dinge wären schlagartig aus deiner Wohnung verschwunden. Mancher würde sich leer und verloren ohne seinen Plunder fühlen. Es braucht also eine neue Form, eine besondere Lösung für derlei Dinge.

Eine Freundin von mir hat in der Vergangenheit eine schreckliche Erfahrung gemacht: Sie verlor all ihr Hab und Gut bei einem Wohnungsbrand. Zum Glück ist ihr selber nichts geschehen. Aber an

Materie ist ihr nichts mehr geblieben, alles war verbrannt. Kein einziges Foto ihrer Vergangenheit, kein Sportabzeichen und kein Lieblingsteddy. Alles war den Flammen zum Opfer gefallen. Ihr war, als hätte man die Reset-Taste des Lebens gedrückt. Kompletter Neustart. Bis auf ihre Erinnerungen war alles weg. Nichts konnte in die Hand genommen und berührt werden. Die Möbel waren nicht das wichtigste, sondern das Fehlen des Plunder schmerzte sie.

Die Bekannte war wacker. Sie ist wieder auf die Beine gekommen und hat ihr Leben neu gegriffen. Aber ihre Situation hat mich berührt und etliche Fragen in mir aufgeworfen. Als ich mit meiner Frau über das Thema sprach, hatten wir nicht nur unsere Freundin vor Augen, sondern alle Menschen, die schlagartig alles verlieren, was sie haben und was ihr Leben ausgemacht hat. Wie viele Flüchtlinge stehen heute täglich in dieser Situation.

Wir Helfer schauen nur nach vorne, was ihr Leben angeht. Wir sind bemüht, sie dabei zu unterstützen, hier ein neues Leben aufzubauen, wie es meine Freundin damals getan hat. Auch wir Hilfsbereiten haben dabei natürlich nur deren Vorne, ihre Zukunft vor Augen. Wie kann es für sie weiter gehen? Wir sehen nicht die Situation, dass die Vergangenheit der Menschen vollständig verloren gegangen ist.

Meine Frau hatte in diesem Zusammenhang bei dem Gespräch eine grandiose Idee, die mich so überzeugt hat, dass ich der Idee ein eigenes Kapitel im Buch gewidmet habe. Die Idee trägt den Namen:

„Die eigene Biografie-Schatzkiste“

Der Begriff „Schatzkiste“ ist in diesem Zusammenhang nicht symbolisch, sondern wortwörtlich gemeint. Die Schatzkiste ist im fünften Schritt in Kategorie 1C: *„Ich liebe die Bilder und Gefühle, die ich mit dem Gegenstand verbinde”,* schon einmal Thema gewesen.

Jetzt greifen wir diese Idee noch einmal auf und verfeinern sie für „unseren Plunder”.

Plunder, der für dich so wertvoll ist, dass du dich nicht von ihm lösen kannst, den du aber trotzdem verringern möchtest, sammelst du ab sofort in deiner ganz persönlichen Biografie-Schatzkiste.

Im Falle eines Hausbrandes oder einer möglichen plötzlichen Flucht (auch wir sind vor Flucht nicht sicher gewahrt) könnte diese Schatzkiste mit einem Griff gepackt und die Erinnerungsstücke unser gesamten Vergangenheit ins neue Leben mitgetragen werden. Natürlich müsste man für die Gegenstände eine Auswahl treffen. Alles würde in die Schatzkiste nicht hinein passen. Aber das wäre auch gar nicht nötig. Mit der Auswahl der wertvollsten Vertreter deines Plunders könntest du dein altes Leben in dein neues Leben mitnehmen. Der Verlustschmerz wäre reduziert oder aufgehoben.

Hoffentlich steht uns in unserer Zukunft kein Hausbrand oder eine plötzliche Flucht bevor, um die positive Wirkung der Biografie-Schatzkiste eines Tages einmal zu nutzen. Aber auch wenn wir in Frieden und Ruhe in unserem Zuhause verweilen, kann uns die Biografie-Schatzkiste im minimalistischen Sinne tief bereichern.

Die Anwesenheit der Kiste mit ihrem gegriffenen Inhalt macht das Loslassen des restlichen Plunders erheblich leichter oder vielleicht sogar erstrebenswert, da dieser überflüssige Plunder uns zwar gefällt, er uns durch die Überfülle aber auch belastet. Die eigene Biografie-Schatzkiste macht beides möglich. Loslassen und bewahren! Grandios!

Der häufigste Satz der Minimalisierungsfeinde im Bereich Lebensplunder lautet:
„Ach wie schön ist das denn, das habe ich ja fast ganz vergessen."

Es hat seinen Grund, weshalb dieser Gegenstand aus deinem Alltagsbewusstsein gerutscht ist. Das Gefühl, das du mit ihm verbindest, war vermutlich wichtig für dich, nicht der Gegenstand selber. Deswegen konserviere dieses Gefühl, durch einige, persönliche, dir wertvolle

„Plunder-Vertreter" in deiner Biografie-Schatzkiste.

Wappne dich gegen weitere Minimalisierungsgegner durch folgende Übungen:

- Übung 5: „Scharfe Sinne, blanker Genuss."
- Übung 7: „Lust auf Loslassen."
- Übung 8: „Dein bester Freund, dein Minimalisierungs-Begleiter."

Freue dich auf die Bereicherung deiner Biografie-Schatzkiste. So kann dir das Reduzieren deines Lebens zum Gewinn und Genuss werden.

17. Durch den Körper hindurch: Minimalismus bei Ernährung und Gesundheit

„Wer nicht jeden Tag etwas für seine Gesundheit aufbringt, muss eines Tages sehr viel Zeit für die Krankheit opfern."

Sebastian Kneipp

Heute minimiert sich das Thema Ernährung zu einem Großteil selber. Immer mehr Menschen leiden an Allergien oder an Lebensmittelunverträglichkeiten. Sie reduzieren oder meiden bestimmte Lebensmittel, um sich vor heftigen körperlichen Reaktionen zu schützen. Diese Reaktionen können sich von leichtem Unwohlsein bis hin zu lebensbedrohlichen Erstickungsanfällen erstrecken. Da ist oft keine Frage an den eigenen Willen dazwischen geschaltet. Der Betroffene handelt aus Selbstschutz heraus, sobald er die Zusammenhänge von gewisser Nahrungsaufnahme und daraus resultierender Körperreaktion kennt. Darüber hinaus entscheiden sich heute so viele Menschen weltweit für eine bewusste, eine biologische, vegetarische oder vegane Ernährung. Nie war das Individuelle bei der Nahrungsaufnahme bedeutender als heute. Ob das nun ein moderner, aktueller Trend ist und wieder vorbei geht oder ob beim Thema Nahrungsaufnahme mehr Bewusstsein Einzug hält, wird sich in Zukunft zeigen. Mit Sicherheit ist es aber ein bedeutender Ansatz, beim Minimalisieren des Lebens die Ernährung zu hinterfragen, und gegebenenfalls zu korrigieren und den inneren Impulsen anzupassen.

Ich selber wurde im zarten Alter von 13 Jahren aus freiem Willen und aus eigenem Impuls Vegetarier. Meine verzweifelten Eltern hätten dieses Verhalten sicherlich nicht „eignen Impuls zur Veränderung des Lebens", sondern schlichtweg „unüberwindbare Dickköpfigkeit" genannt. Ich kannte derzeit keinen einzigen anderen Vegetarier in meinem Umfeld, der mich zu diesem Schritt angespornt und mich dabei unterstützt hätte. Dieser Impuls kam von innen auf mich zu und blieb mir seitdem treu. Meine Mutter versuchte mir meine Flausen auszutreiben, indem sie mich zu unserem Hausarzt schickte, der mir auf ihre geheime Bitte hin eindrucksvoll versicherte, dass ich ohne Fleischnahrung sterben würde. „Dann ist das eben so", war meine freche Antwort auf den wohlgemeinten ärztlichen Rat. Ich wurde damals von meinem Umfeld regelrecht angefeindet oder immer wieder ausgelacht. Es gab derzeit keinerlei Verständnis oder Einsicht in eine vegetarische Ernährung und es war eine harte Schule für mich. Aber im Nachhinein hat es mich eher stärker gemacht, als geschwächt. Unsere vier

Kinder haben in ihrem Leben noch nie Fleisch zu sich genommen und sie sind kerngesund und alle sportlich und kräftig. Heute weiß man auch auf wissenschaftlicher Ebene, dass es Unfug ist davon auszugehen, dass Vegetarier ungesünder leben würden. Aber auch als "eingefleischter Vegetarier" möchte ich keinem Fleischesser die Freude am Fleischessen nehmen. Ich habe damals für mich alleine entschieden und ich möchte dabei niemanden missionieren und umstimmen. Auch dieses Thema ist ein Teil des Gedankenwasserfalls, bei dem du entweder Inhalte an dir vorbei rauschen lässt, weil sie nichts mit dir zu tun haben, oder du greifst das ein oder andere für dich auf und vertiefst es in deinem Sinne.

Gehen wir den Gedankenwasserfall zum Thema Ernährung und Gesundheit wieder anhand unserer „Amusto-Einteilung" durch und du pickst dir deine Teile dabei für dich heraus.

Anschaffung:

- Ich fertige mir eine Liste der Grundnahrungsmittel an, die ich immer zuhause haben möchte. Sie sind mein Grundstock, der mir bei meiner individuellen Ernährung Sicherheit gibt. Diese Liste hängt in meiner Küche und ich markiere Nahrungsmittel darauf, die mir ausgegangen sind.

- Ich kann mir speziell für diese ausgewählten Nahrungsmittel ein minimalistisches individuelles Kochbuch anlegen. Es vereinfacht mein Kochen und mein Kaufen oft ungemein.

- Ebenso kann ich mir eine Gewürzliste meiner Lieblingsgewürze anlegen, die ich immer im Haus haben möchte und mit denen ich ohne viel Aufwand exakt meinen Geschmack treffen kann. Auch diese Auswahl an Gewürzen findet sich in meinem individuell angelegten minimalistischen Kochbuch wieder.

- Auf meiner Nahrungsmittelliste kann nicht nur die Frage, was ich besonders mag, Raum finden, sondern auch, was besonders wichtig für meine Ernährung ist. Zum Beispiel, wenn bei mir ein chronischer Eisen- oder Vitamin-B-Mangel besteht, dann sollten sich in „meinem Kochbuch" Nahrungsmittel und Rezepte finden, die reichhaltig an diesen Inhalten sind.

- Diese individuelle Liste kann mir darüber hinaus helfen bewusst einzukaufen. Dabei kann ich darauf achten, besonders günstig, besonders ortsnah, regional oder saisonal, biologisch, verpackungsfrei, haltbare und nachhaltig hergestellte Lebensmittel in Großpackungen oder mit anderen gemeinsam zu einzukaufen. Meine Schwerpunkte können auf mich abgestimmt sein und verschiedene Aspekte davon kombinieren.

- Ich verfolge bei meiner minimalistischen Ernährung den Aspekt, möglichst viel meiner Nahrungsmittel selber anbauen oder herstellen zu können. Oder wie ich Nahrungsmittel kostengünstig haltbar mache.

- Beim Einkaufen ist eine Einkaufsliste bei der minimalistischen Ernährung eine große Hilfe. Ich halte mich strikt an meine Liste, dann können mich die Fallen der Angebote nicht so leicht verlocken.

- Ich muss nicht immer jedes X-beliebige Nahrungsmittel zuhause haben. Es kann eine besondere Freude sein, für ein bestimmtes Gericht extra einzukaufen oder zu einem besonderen Restaurant zu gehen. Ich mache ein Fest und eine bewusste Aktion aus einem besonderen Gericht und lasse das „Alles-immer-genießen-Können-Gefühl" los. Es trägt dazu bei, dass so viele Nahrungsmittel täglich weggeworfen werden, bei gleichzeitigem Hunger in der Welt. Es ist so selbstverständlich für uns geworden, dass wir kurz vor Ladenschluss beim Bäcker noch genau die Laugenbrezeln erhalten, auf die wir gerade Lust haben, und dass sie möglichst noch warm und frisch gebacken sind.

- Lebensmittel, die oft teurer sind, versuche ich selber herzustellen. Indischer Chai, Arrabiata-Gewürz, Marmeladen, Chutneys oder Pesto sind leicht zu produzieren und oft noch leckerer als fertige, teure Artikel. Und die selber hergestellten Produkte sind schöne, günstige und individuelle Geschenke für andere. Sie gehören in mein individuelles Kochbuch hinein.

- Ich lasse meinem Körper nicht nur wenn er krank ist Zuwendung zukommen. In asiatischen Ländern gehen die Menschen ganz regelmäßig zur Massage. Sie schenken ihrem Körper diese Wohltat, weil sie wissen, dass er dann viel seltener krank oder erschöpft sein wird. Der Körper dankt dir eine liebevolle Behandlung in Form einer Massage, eines Entspannungsbades oder eines Saunaganges. Ich verwöhne meinen Körper damit, wie ich einen Geliebten verwöhnen würde und nehme mir ganz regelmäßig Zeit und Raum dafür. Das sollte mir mein Körper wert sein. Obendrein ist es im Nachhinein oft erheblich günstiger, seinem Körper regelmäßig Gutes zukommen zu lassen, anstelle einer teuren Behandlung des durch Stress erkrankten Körpers.

- Sport und regelmäßige Bewegung pflege ich konsequent im Alltag. Musste ich mich zu Beginn vielleicht noch darum mühen, habe ich nach kurzer Zeit Spaß daran gefunden.

Umwelt:

- Ich meide Großpackungen bei selten genutzten Lebensmitteln, da diese oft bei langer Lagerung verderben können.

- Andersherum kaufe ich bei Lebensmitteln, die ich regelmäßig konsumiere und lange haltbar sind, gerne Großpackungen – möglichst ohne Plastik. Sie sind meist günstiger und helfen Plastikmüll zu vermeiden.

- Ich mache mir einen „Sport” daraus, so wenig wie möglich Lebensmittel in Plastikverpackungen einzukaufen. Die Hersteller werden auf dieses Bewusstsein erst reagieren, wenn wir Kunden die Plastikverpackungen strikt verweigern. Ich fülle dieses neue Kaufverhalten nicht mit Gefühlen der Einschränkung, sondern mit Stolz und Freiheitsempfinden.

- Ich reduziere Zucker, Salz, Geschmacksverstärker, erhitzte Fette und Konservierungsstoffe und versuche ausschließlich frisch zu kochen.

- Ich bin ein „Wie-bei-Oma-Koch” und koche nur nach Saison ganz besondere Gerichte und lerne diese professionell haltbar zu machen.

- Beim Kauf setze ich auf beste Qualität und stelle mir vor, dass ich alles, was ich esse, mit meinem Stoffwechsel vollkommen aufspalte und verinnerliche. Da will ich keinen Müll dabei haben, der meine Zellen verunreinigt.

Sinne:

- Ich gestalte meine Nahrung mit Liebe, Zeit und Aufmerksamkeit. Lieber wenig wunderschönes Essen, als viel Schrott. Ein gesundes und ausgewogenes Essen fühlt sich nach der Mahlzeit gut im Bauch an. Nach einer Füllmahlzeit fühlt man sich meistens elend und uneins mit sich.

- Ich gehe so viel wie möglich in der Natur und im Wald spazieren. Die Bewegung und die frische Luft sind heilsam für mich und meinen Körper. Obendrein ist die Natur mein aller bester Lehrmeister in Sachen Minimalismus. Die minimalistischen Gesetze, die in der freien Natur herrschen, wirken auf mich, selbst wenn ich sie nicht alle durchschaue oder kenne. Die Natur ist so perfekt, was das angeht. Ich muss nur meine Sinne dafür öffnen.

Tierfreundlich:

- Beim Essen ist es besonders einfach seine Tierliebe zu leben, indem man darauf verzichtet, diese zu essen.

- Als Hundehalter, kann ich meinem Hund die Nahrung selber herstellen, um die Qualität zu steigern und überflüssigen Müll zu vermeiden. Es gibt gute Bücher zu dem Thema, wie man seine Tiernahrung einfach selber herstellt.

Ordnung:

- Mit etwas Planung kann ich sehr wirtschaftlich kochen und mein Essen vorbereiten. Zweimal die Woche unterschiedliches frisches Gemüse klein schneiden, in Keramik verpacken und im Kühlschrank aufbewahren. Daraus ist in kürzester Zeit ein hervorragender Rohkostsalat oder ein Gemüse vorbereitet, das nur kurz in Öl oder in Wasser angedünstet wird. Das Natürlichste ist oft so köstlich, einfach und günstig, also genau das Richtige für den Minimalisten. Ich liebe die mehrstöckigen Henkelmänner aus Edelstahl, die man zum Beispiel schön vorbereitet zur Arbeit mitnehmen kann.

- Der einfachste Trick, seine Nahrungsaufnahme zu minimieren besteht darin, doppelt so lange wie gewöhnlich zu kauen. Ich leite bei meinen Körper so die Verdauung ein und bin viel schneller anhaltend satt. Wir haben uns meistens antrainiert viel zu viel Nahrung zu uns zu nehmen. Über diese minimalistische Maßnahme wird sich nicht nur mein Gewicht freuen, sondern jede meiner Zellen.

- Die Bewohner der japanischen Insel Okinawa essen nur so viel, bis sie sich fast satt fühlen. Diese Mäßigung heißt „Hara Hachi Bu“ und ist dafür mitverantwortlich, dass auf Okinawa sowohl die Lebenserwartung als auch der Anteil der (gesunden) Hundertjährigen so hoch ist wie sonst nirgends auf der Welt.

- Ein individueller Mix aus guter, weniger Nahrung und ausreichender körperlicher Bewegung ist die allerbeste Voraussetzung für eine dauerhafte Gesundheit und für ein hohes, glückliches Alter. Es liegt alleine in meiner Hand, meinen Mix zu formen und zu leben.

<u>Was rufen die Gegner deiner Minimalisierung in diesem Lebensbereich?</u>

- *„Bloß keine Veränderung, alles war gut bisher."*
- *„Jetzt ist der falsche Zeitpunkt für eine Änderung."*
- *„Morgen ist auch noch ein Tag."*
- *„Das schaffe ich nicht."*
- *„Ich will bei Feiern keine Extrawurst sein."*

<u>Antworte ihnen mit Übungen deiner Veränderungstechnik.</u>

- Übung 1: „Nicht mit mir!"
- Übung 2: „Ich kann nicht klagen."
- Übung 5: „Scharfe Sinne, blanker Genuss."
- Übung 6: „Stopp! Grenze suchen; Grenze setzen."
- Übung 7: „Lust auf Loslassen."
- Übung 8: „Dein bester Freund, dein Minimalisierungs-Begleiter."

Und jetzt: Ran´ an den Speck!

18. Freund oder Feind: Beziehungen sortieren

„Niemand ist auf der Welt, um so zu sein, wie die anderen ihn gerne hätten.“

Chinesische Lebensweisheit

Was haben Beziehungen mit Minimalismus zu tun? Ist das nicht ein vollständig anderes Thema? Hat Minimalismus nicht immer nur eine Verbindung zum Besitz und zur Materie?

Absolut nicht! Allerdings denken einige Menschen, dass Beziehungen etwas mit Besitz zu tun hätten.

Minimieren hat immer mit dem Finden des eigenen Impulses zu tun und dem darauf folgenden Aufräumen, Klären, Reduzieren, Erneuern und Verändern. Und alle diese Themen sind auch außerordentlich wichtig, wenn es um die Welt der Beziehungen geht.

Es befreit, die Beziehungen im eigenen Leben zu klären, alte Beziehungen und aktuelle. Gute Beziehungen und schlechte, belastende und stärkende. Wir tragen alles, was an unseren Beziehungen hängt, mit uns herum. Erinnerungen, Hoffnungen, Verletzungen und Enttäuschungen. Das alles kann uns unfrei und schwer im Herzen machen. Machen wir uns also auch hier an die Arbeit, diese Dinge mit unserer Kunst des Minimierens anzugehen.

Gehe wieder nach der gleichen Art und Weise, wie bei den anderen Themen vor. Beginne mit deinem Gedankenwasserfall und finde dann deinen eigenen Impuls. Sollte dein Wunsch der Durcharbeitung des Themas wichtig oder unumgänglich sein, lege zunächst Kategorien oder Gruppen an. Unterscheide die Menschen in deinem Leben nach vergangenen und nach aktuellen Beziehungen, nach stärkenden und nach schwächenden. Und wenn du diese Vorarbeit geleistet hast, arbeite deine Beziehungswelt durch.

Es bedeutet nicht, dass man sich beim Minimalisieren der Beziehungen immer von Menschen trennen muss. Manchmal bedeutet es sogar das Gegenteil: dass man alte vergessene Beziehungen wieder neu aufleben lässt und erneuert.

Gehen wir das Thema in aller Ruhe an und beginnen mit der naheliegendsten Beziehung von allen, deiner Beziehung zu dir selbst.

Die Beziehung zu dir selbst ist das Fundament all deiner Beziehungen.

Wenn die stimmt, können weitere dazu kommen. Dann stehst du schon einmal auf sicherem Grund und Boden. Sobald du dir selber genügst, wenn du keinen anderen Menschen zum Leben brauchst, kannst du mit jeder weiteren Beziehung nur dazu gewinnen. Damit ist nicht gemeint, dass du zum Eigenbrödler werden musst, der sich nicht in Gemeinschaften einfügen kann. Ich bin der festen Überzeugung, dass du gesunde Beziehungen erst dann leben kannst, wenn deine Beziehung zu dir selber steht. Alles andere ist der Versuch, eigene Bedürftigkeit durch andere Menschen zu stillen. Und das bedeutet Abhängigkeit und Unfreiheit! Und das ist auf Dauer der Killer JEDER Beziehung.

Charlie Chaplin hat am 16.04.1959 anlässlich seines eigenen 70.Geburtstages eine wunderschöne Rede gehalten, welche die Beziehung zu sich selbst klar zum Ausdruck bringt:

Als ich mich selbst zu lieben begann

„Als ich mich selbst zu lieben begann, habe ich verstanden, dass ich immer und bei jeder Gelegenheit, zur richtigen Zeit am richtigen Ort bin und dass alles, was geschieht, richtig ist – von da an konnte ich ruhig sein. Heute weiß ich: Das nennt man „Vertrauen".

Als ich mich selbst zu lieben begann, konnte ich erkennen, dass emotionaler Schmerz und Leid nur Warnungen für mich sind, gegen meine eigene Wahrheit zu leben. Heute weiß ich: Das nennt man „authentisch sein".

Als ich mich selbst zu lieben begann, habe ich aufgehört, mich nach einem anderen Leben zu sehnen und konnte sehen, dass alles um mich herum eine Aufforderung zum Wachsen war. Heute weiß ich, das nennt man „Reife".

Als ich mich selbst zu lieben begann, habe ich aufgehört, mich meiner freien Zeit zu berauben, und ich habe aufgehört, weiter grandiose Projekte für die Zukunft zu entwerfen. Heute mache ich nur das, was mir Spaß und Freude macht, was ich liebe und was mein Herz zum Lachen bringt, auf meine eigene Art und Weise und in meinem Tempo. Heute weiß ich, das nennt man „Ehrlichkeit".

Als ich mich selbst zu lieben begann, habe ich mich von allem befreit, was nicht gesund für mich war, von Speisen, Menschen, Dingen, Situationen und von Allem, das mich immer wieder hinunterzog, weg von mir selbst. Anfangs nannte ich das „Gesunden Egoismus", aber heute weiß ich, das ist „Selbstliebe"

Als ich mich selbst zu lieben begann, habe ich aufgehört, immer recht haben zu wollen, so habe ich mich weniger geirrt. Heute habe ich erkannt: das nennt man „Demut".

Als ich mich selbst zu lieben begann, habe ich mich geweigert, weiter in der Vergangenheit zu leben und mich um meine Zukunft zu sorgen. Jetzt lebe ich nur noch in diesem Augenblick, wo ALLES stattfindet, so lebe ich heute jeden Tag und nenne es „Bewusstheit".

Als ich mich zu lieben begann, da erkannte ich, dass mich mein Denken armselig und krank machen kann. Als ich jedoch meine Herzenskräfte anforderte, bekam der Verstand einen wichtigen Partner. Diese Verbindung nenne ich heute „Herzensweisheit".

Wir brauchen uns nicht weiter vor Auseinandersetzungen, Konflikten und Problemen mit uns selbst und anderen fürchten, denn sogar Sterne knallen manchmal aufeinander und es entstehen neue Welten. Heute weiß ich: „Das ist das Leben"!

Charlie Chaplin, 16.04.1959

Sich selber genügen bedeutet nicht, dass man nur mit sich selber glücklich sein kann. Aber es ist keine Not, wenn du nur mit dir bist, darauf kommt es an. Sei dir selber ein guter Freund, einer, der dich versteht, der dich kennt und der gerne mit dir teilt.

Unternehme Ausflüge oder Reisen mit dir alleine. Das sind ungemein wertvolle Erfahrungen. Am Anfang fällt das vielleicht nicht gleich leicht, aber es stärkt das Selbstwertgefühl bis in die Tiefe deiner Seele.

Wenn du diese Übung beherrschst, pflege diesen Erfolg auch in deinem

Alltag, indem du immer wieder regelmäßig Zeiten mit dir selber suchst. Werde vertraut mit dir selber, das macht dich stark für gesunde Beziehungen mit anderen.

Dann beginnt die Aufarbeitung deiner Beziehungen zu anderen Menschen.

Solltest du das Glück haben, eine gesunde Beziehung mit einem Partner zu leben, ist die größte Gefahr, dir darin sicher zu sein und deine gesamte Beziehungswelt nur mit ihm oder ihr alleine leben zu wollen. Ich meine nicht, dass du jeden Tag Sorgen haben solltest, deinen Partner zu verlieren. Aber indem du dir dein Glück jeden Tag aufs Neue vor Augen führst, wird dir dein Partner niemals selbstverständlich. Und eine Fixierung auf nur einen Menschen führt mit absoluter Sicherheit früher oder später zu einem Desaster. Das kann ich dir aus jahrzehntelanger, therapeutischer Arbeit mit Menschen versichern. Du brauchst außer dir und deinem Partner andere Menschen zum Glücklichsein!

Wenn du eine dauerhafte glückliche Beziehung oder Partnerschaft haben willst, geht es nicht darum, an deinem Partner festzuhalten, sondern Veränderungen die Türen zu öffnen und nicht am Gewohnten festhalten.

Leben und Lieben bedeutet permanente Veränderung, sonst funktioniert es auf Dauer nicht.

Das Thema einer glücklichen dauerhaften Partnerschaft ist ein hoch interessantes und es würde ein ganzes Buch füllen. In diesem Zusammenhang des Minimierens der Beziehungswelt führt das aber zu weit. Trotzdem darf es auf gar keinen Fall unbehandelt bleiben. Denn gerade hier leben tückische Fallen, die man oft erst als solche erkennt, wenn es zu spät ist.

Wenn wir jetzt über weitere Beziehungen sprechen, ist es wieder entscheidend, in Kontakt mit deinen inneren Impulsen zu gelangen. Überdenke deine Beziehungen im Leben. Überprüfe, ob alle von dir frei gewählt sind oder ob innere oder äußere Zwänge dich in der Beziehung halten oder unfrei machen.

Im Folgenden biete ich dir einen Anfang für deinen eigenen Gedankenwasserfall zu diesem Thema an. Spüre in dich hinein, welche Fragen oder Aussagen einen Bezug zu dir selber haben, und folge oder ergänze diesen Faden dann. Ich schreibe ihn wieder in der Ich-Form, damit du ihn für dich leicht ergänzen oder verändern kannst. Hier kommt mein Beziehungs-Gedankenwasserfall.

- Pflege ich Beziehungen weiter, weil ich Angst habe, diese zu beenden und andere dadurch zu enttäuschen?
- Wie groß ist meine Sorge davor, meine Mitmenschen durch meine freie Entscheidung zu enttäuschen?
- Kann ich mich selber nicht aus Gewohntem lösen, obwohl es schon lange nicht mehr im Miteinander passt?
- Führe ich die Beziehung aus gesellschaftlichen Zwängen weiter, weil zum Beispiel familiäre Verknüpfungen bestehen?
- Lebe ich die Beziehung aus Verantwortungsgefühl für den anderen weiter? In diesem Fall traue ich dem anderen zu, dass er sein Leben selber tragen kann, so wie ich meines auch trüge?
- Habe ich bei einigen Menschen in bestimmten Situationen Schwierigkeiten, zum Beispiel beim Diskutieren, dann muss ich diese Menschen nicht unbedingt vollständig meiden, wenn ich sie sonst mag. Ich kann in mir klären, was ich mit diesen Menschen teilen möchte und was nicht und das dann konsequent leben. Kann ich mit einem Freund oder einer Freundin zum Beispiel gut ausgelassen und lustig sein, aber wir kommen uns beim Austausch unserer Gefühle oder Ansichten regelmäßig in die Wolle, dann sage ich meinem Gegenüber, dass ich die Ausgelassenheit mit ihm oder ihr genieße, ich aber die anderen Überschneidungen ab sofort meiden will, weil wir dabei zu wenig Gemeinsamkeiten finden. Diese Klarheit trennt unter Umständen nicht, sondern bringt einen näher

zueinander, weil diese Form von Aufrichtigkeit, Klarheit in eine Beziehung bringen konnte.

- Bin ich unklar bei Aussagen in Beziehungen? Sage ich „vielleicht", „jein", „mal sehen", „ich weiß noch nicht" oder „keine Ahnung"? Unklarheit raubt mir und meinem Gegenüber Energie und Zeit. Beide fühlen sich unwohl damit.

- Führe ich moderne Kommunikation in den Medien, indem ich Belangloses schreibe oder über Smileys kommuniziere? Beides ist eine riesengroße offene Türe für Unklarheiten und Missverständnisse. Diese Form der Kommunikation schafft keine Nähe, sondern Distanz. Die eigentliche Begegnung, bei der viel mehr als ein Smiley-Austausch stattfinden kann, wird dadurch reizlos, uninteressant oder überflüssig. Es ist so wertvoll, den anderen an deinen Erfahrungen und Gefühlen teilhaben zu lassen. Das geschieht nicht über das Internet. Ich verschaffe mir vom eigentlichen Leben ablenkende Verpflichtungen des permanenten Reagieren-Müssens und keine Erleichterungen, mag es zunächst auch noch so anders erscheinen.

- Sobald ich in einer Lebensgemeinschaft oder Wohngemeinschaft lebe, besteht die Möglichkeit, alle doppelten Besitztümer auf einen zu reduzieren und das Überflüssige zu verschenken oder zu verkaufen. Zum Beispiel Messer, Töpfe, Wäschekorb, Fernseher, Kleiderschrank, Schuhregal, Putzlappen, Wäscheklammern.

- Ich teile meine Gedanken und Sorgen mit anderen, sie werden dadurch unmittelbar leichter für mich.

- Ich bleibe wachsam für eingefahrenes Verhalten in meinen Beziehungen und spreche mit meinem Gegenüber darüber.

- Ich halte Konfliktaussprachen ausschließlich in der „Ich-Form" und niemals in der „Du-Form". Ich schließe unweigerlich eine Türe beim Gegenüber, indem ich für ihn oder für sie urteile. Der Betroffene weiß über sich selber besser Bescheid als ich. Er braucht mich nicht dafür und muss sich nur verteidigen, sobald ich über dessen Ambition klare Aussagen treffe.

- Ich versuche mutig in Konfliktklärungen zu gehen. Mein Mut bringt nichts Trennendes in die Beziehung, sondern etwas Vertiefendes.

- Ich fertige mir eine Liste meiner wichtigsten aktuellen Freunde an und überprüfe, ob ich genug zur Pflege dieser tragenden Beziehung beitrage. Falls nein, werde ich aktiv und lege konkrete Maßnahmen fest, das ab sofort zu verändern. Ich schreibe von mir aus regelmäßig, telefoniere oder mache verbindliche Treffen aus.

- Ich fertige eine weitere Liste der Menschen der Vergangenheit an, die prägend und helfend oder schützend für mich in meinem bisherigen Leben waren. Zu ihnen suche ich den Kontakt, wenn sie noch leben und zeige ihnen meine Dankbarkeit oder ich stelle ein Foto von verstorbenen Unterstützern meines Lebens auf und hole sie so in meinen Alltag. Oder ich schreibe ein Dankschreiben an diese Menschen. Auch wenn es die Verstorbenen nicht lesen können, bekommt meine Dank so Raum. Auch das bringt Klarheit in die Seele.

<u>Feinde der Veränderungen bei Beziehungen flüstern mir beispielsweise folgendes in mein Ohr:</u>

- *„Bloß keine Veränderung, es war doch bisher alles gut so."*
- *„Das ist der falsche Zeitpunkt für eine Veränderung. Vielleicht später einmal."*
- *„Ich könnte diese Beziehung später noch einmal gebrauchen. Ich verändere sie lieber nicht."*
- *„Ich fühle mich verpflichtet, weil mein Freund einmal für mich da war."*

- *„Ich bin ihm/ihr sicherlich nicht so wichtig. Ich nehme mich besser zurück."*

- *„Sie/Er hat etwas gegen mich, das merke ich schon lange."*

Diese Übungen können dir bei deinen Veränderungen gut zu Seite stehen:

- Übung 1: „Nicht mit mir!"

- Übung 2: „Ich kann nicht klagen."

- Übung 5: „Scharfe Sinne, blanker Genuss."

- Übung 6: „Stopp! Grenze suchen; Grenze setzen."

Du siehst, es gibt eine Fülle an Maßnahmen, deine Beziehungen im Leben zu minimieren, aufzuräumen oder zu klären. Und diese Maßnahmen machen dich in vergangenen, in vergessenen und in aktuellen Beziehungen eindeutiger, leichter und freier. Du schaffst Raum für Neues und das ist in der Beziehungswelt wunderschön. Alle Beziehungen streben danach, sich permanent zu erneuern. Verhindere das nicht durch Altlasten, Überfluss oder Müll.

19. Die Chef-Zentrale: Minimalismus bei den „Lieber-morgen-als-heute-Themen" und persönlichen Dokumenten

„Wenn du ein Problem hast, versuche es zu lösen. Kannst du es nicht lösen, dann mache kein Problem daraus."

Buddha

Das Minimalisieren der meisten Dinge macht von Beginn an Freude und wird von einem inneren Schwung angetrieben. Es gibt aber einige Dinge im Leben, denen weichen wir instinktiv über lange Zeit aus, weil sie unangenehm oder unbequem für uns sind. Oder die Beschäftigung mit dem gemiedenen Thema macht uns Sorge, Unruhe oder Angst. Das Problem ist, dass wir diese Dinge die ganze Zeit als Last mit uns herum tragen, wenn wir sie nicht bearbeiten. Diese Belastung wirkt in uns auch dann, wenn wir die Dinge gar nicht im Bewusstsein haben, denn sie liegen in unserem Unterbewusstsein. Von dort aus sind die Auswirkungen noch schwerwiegender für unser Gemüt.

So verhält es sich auch mit Ängsten aller Art. Ängste haben die allergrößte, negative Wirkungskraft auf uns, wenn sie aus dem Unbewussten wirken.

Und dieses Prinzip wirkt auch bei unangenehmen Dingen oder Aufgaben, denen wir ausweichen, die wir verdrängen. Mark Twain sagte einmal: „Eat that frog first thing in the morning and nothing will happen the rest of the day." Übersetzt bedeutet das: „Iss als erstes am Morgen den Frosch, dann kann dir nichts Schlimmes mehr geschehen." Brain Tracy, ein amerikanischer Persönlichkeitstrainer griff den Satz von Mark Twain auf und entwickelte daraus die „Eat-that-frog-Theorie", die besagt, dass du dich von alltäglich anstehenden Aufgaben am effektivsten dadurch befreist, indem du sie als allererstes am Tag erledigst. Dann sind sie weg und deine Energie ist frei für kreative oder schöne Dinge.

Menschen, die sich von bestimmten Sorgen in ihrem Alltag einfach nicht lösen können, empfehle ich einen schweren Stein auszuwählen und ihr belastendes Problem darauf zu schreiben. Ab dann sollen sie diesen Stein immer mit sich tragen. Sie dürfen ihn auf keinen Fall vernachlässigen oder vergessen, auch wenn es ihnen lästig wird. Sobald sie dies einige Tage umgesetzt haben, beginnt das Unterbewusstsein den Unsinn zu begreifen. Im gleichen Zuge lässt das Unterbewusstsein das Problem los. Denn wer führt schon gerne bewusst dauerhaft Unsinn aus?

Genau so verhält es sich mit den Dingen, die wir vor uns her schieben. Geh sie direkt an und du wirst sie los. Und fast nichts im Leben ist so schwierig, dass du es nicht angehen könntest.

Fertige dir eine Liste der Dinge an, denen du im Leben ausweichst. Dann ordne die Dinge deiner Liste nach ihrer Priorität und knöpfe sie dir von der schwierigsten angefangen eine nach der anderen vor. Du wirst so befreit sein danach!

Typische Dinge, die auf solch einer Liste stehen können, sind zum Beispiel alle Klärungen möglicher unangenehmer Situationen. Also zum Beispiel die Patientenverfügung, die Vorsorgevollmacht, die Sterbeverfügung und das Testament. Wer befasst sich gerne damit, was mit uns geschieht, wenn wir einen schrecklichen Unfall erleiden, wir gelähmt oder schwerstbehindert sind und unser Leben trotzdem weiter gehen muss? Wer fragt schon gerne einen anderen, ob der das gesamte Leben für einen weiter regelt, wenn man selber dazu nicht mehr in der Lage ist? Wer setzt sich schon leicht mit dem Thema des eigenen Sterbens auseinander? Ganz leicht fällt das vermutlich niemandem. Aber ich kann aus eigener Erfahrung sagen, dass man erst spürt, wie stark einen diese Themen unterbewusst belasteten, wenn wir sie bewältigt und erledigt haben. Dann fällt uns ein Stein vom Herzen, wie bei der Übung meiner Sorgenpatienten.

Geh diese Dinge an und mache die Energie, die du sonst zum Verdrängen benötigst, frei für schönere Sachen.

Aber es müssen nicht immer so schwere Themen sein, wie eine Patientenverfügung oder ein Testament. Das sind halt Klassiker aus dieser Branche.

Weitere aufgeschobene Tätigkeiten können zum Beispiel unordentliche Aktenregale oder unklare Versicherungsfragen sein. Auch die können wir gegebenenfalls über Jahre vor uns her tragen, ständig unbewusst die Angst im Nacken: was ist, wenn ich krankheitsbedingt nicht mehr arbeiten kann oder wie sieht mein Alter im Hinblick auf die Finanzen aus? Kläre diese Frage eine nach der anderen und du wirst sehen, wie gut dir diese Arbeit tut, wie frei und unbeschwert sie dich macht. Dies ist ein ganz wichtiges Thema beim Minimalisieren, nicht nur das Wegwerfen von überflüssigen oder ungebrauchten Gegenständen.

Um herauszufinden, welchen Themen du ausweichen könntest, habe ich einen Fragenkatalog für dich begonnen, den du für dich erweitern und bearbeiten kannst. Ich formuliere, wie vorher auch, meinen Gedankenwasserfall wieder in der Ich-Form. So kannst du beliebig, die für dich passenden Dinge heraus picken und durch eigene ergänzen.

Schreibtisch:

- Ein leerer oder sehr aufgeräumter Schreibtisch lädt zum Arbeiten ein und lockt meine Kreativität heraus. Umso weniger Dinge mein Schreibtisch aufweist, desto ideenreicher wird mein Kopf, weil er von nichts abgelenkt wird.

- Es fallen in der Regel Unmengen an einseitig bedrucktem Kopierpapier an. Ich versuche jedes Papier ausführlich zu nutzen. Das heißt, einseitige faltenfreie Papiere können auf der freien Seite noch bedruckt werden, einseitige faltige Papiere können als Schmierzettel zurecht geschnitten werden und bekommen einen festen Ort auf unserem Schreibtisch.

- Aus minimalistischen Gründen lohnt die Überlegung, alle eigenen Dokumente zu digitalisieren. Mit einer guten Kategorisierung auf meinem Rechner finde ich alles sofort wieder. Will ich keinen großen Speicher für meine Dokumente, kann ich mir überlegen, eine Air oder Dropbox mit ausreichend Speicherplatz im Internet zu mieten. So bin ich zuhause alle Papiere quitt, habe trotzdem eine perfekte Ordnung, auf die ich immer und von überall zurückgreifen kann. Allerdings habe ich dadurch eine dauerhafte finanzielle Verpflichtung.

Akten:

- Umso besser ich meine eigenen Akten anlege, desto leichter wird deren Pflege für mich. Wenn ich für die unterschiedlichen Bereiche eigene Ordner anlege und diese durch ein perfektes Inhaltsverzeichnis und durch gut erkennbare Unterteilungen aufgliedere, macht mir der Umgang mit Formalitäten Freude.

Versicherungen:

- Ich checke meine Versicherungen, ob ich ausreichend und im gewünschten Umfang abgesichert bin. Diese Arbeit gehe ich einmal im Jahr mit festgelegtem Termin an, da sich Dinge ändern, Verträge ablaufen oder Versicherungen günstigere Angebote machen.
- Ich überprüfe, ob ich unsinnige, überflüssige, doppelte oder zu viele Versicherungen habe und ändere es dann umgehend.

Dokumente:

- Habe ich bereits eine Patientenverfügung für mich angelegt? Falls ja, überprüfe ich, wann ich diese das letzte mal mit Zeugen aktualisiert habe, da diese ohne regelmäßige Aktualisierung die Gültigkeit verlieren könnte. Ich führe dies alle zwei Jahre mit festem Termin durch. Dafür brauche ich keinen Notar. Eine einmal festgelegte korrekte Form, bei der ich ein Dokument davon besitze und derjenige, dem ich eine Vorsorgevollmacht erteilt habe, ist rechtskräftig im Bedarfsfall. Das gleiche gilt für die Vorsorgevollmacht. Ich aktualisiere sie alle zwei Jahre und lasse eine Abschrift davon bei mir und eine bei dem, dem ich die Vollmacht für den Notfall erteile.
- Auch wenn ich noch jung bin und nicht viel zu vererben habe, fertige ich ein Testament an. Im betreffenden Fall erleichtert das so vieles, was ohne Testament unklar bleibt. Ich schreibe mein Testament in gut leserlicher Handschrift und unterzeichne es. Dieses findet seinen

festen Platz bei meiner Patientenverfügung und meiner Vorsorgevollmacht.

- Auch wenn es für dich makaber klingt, erstelle ich eine Sterbeverfügung für mich. Das ist die einzige sichere Sache im Leben, die auf alle Menschen in der ganzen Welt zutrifft: wir werden alle eines Tages sterben! Und dann gibt es vieles zu bedenken und zu regeln. Vielleicht ist es zunächst einmal fremd, sich so intensiv damit auseinander zu setzen, wie es konkret nach unserem Tod mit unserer Beerdigung aussehen soll. Aber wenn es einmal erledigt ist, hinterlässt es ein geordnetes Gefühl und eine gewisse Ruhe und Sicherheit. Ich hole mir diese Ruhe so früh wie möglich, dann ist es erledigt und es reicht, alle zwei Jahre darüber nachzudenken, ob ich diesbezüglich eine Veränderung haben möchte. Vielleicht ist es sogar ein schönes Gefühl im Rahmen meiner Minimalisierung festzulegen, dass ich zum Beispiel auf einem Waldfriedhof unter einem Baum ohne Stein und Blumen begraben sein möchte. Das passt doch konsequent zu meinem vorangegangenen minimalisierten Leben. Aber auch wenn ich mir eine andere Beerdigungsform wünsche, ist es gut, dies klar zu machen.

- Nachdem ich alle diese Dinge erledigt habe, sortiere ich ein Thema nach dem nächsten in perfekt sortierten Aktenordnern. Sobald ich diese Fragen und Aufgaben alle bewältigt und sortiert habe, lege ich einen wiederkehrenden Termin fest, an dem ich alle diese erledigten Dinge auf Aktualität überprüfe. Es kann sein, das ich vor drei Jahren in meiner Patientenverfügung festgelegt habe, dass ich auf keinen Fall künstlich am Leben gehalten werden möchte und heute hat sich das durch eine neue Erfahrung verändert. Dann wäre es sogar gefährlich für mich, meine Verfügung nicht anzugleichen. Oder es ist ein neuer Berg an nicht abgehefteten Aktenpapieren entstanden, der in meine wohl sortierten Aktenordner hinein möchte. Einmal erledigt ist also noch lange nicht ganz vom Hals. Aber der Aufwand wird klein und zur Routine, sobald ich einen eigenen festgelegten

Plan habe, wie ich alles am Laufen halte. Oft reicht ein Termin im Jahr. Und dann habe ich wieder für ein weiteres Jahr Sorgenruhe davon.

Mögliche Angriffe deiner Minimalisierungsfeinde in diesem Lebensbereich:

- „Ich bin noch zu jung für diese Themen."
- „Ich bin doch ganz gesund, es gibt keinen Grund an Testament und Tod zu denken"
- „Warum soll ich mich mit so negativen Themen auseinandersetzten?"
- „Bloß keine Veränderung, alles war gut bis jetzt."
- „Jetzt ist der falsche Zeitpunkt."
- „Morgen ist auch noch ein Tag."
- „Die Veränderung reicht erst einmal, den Rest mache ich morgen weiter."
- „Das schaffe ich nicht."

Und diese Übungen könnten dir bei der Veränderung eine Hilfe sein, um deinen Impuls zu stärken:

- Übung 2: „Ich kann nicht klagen."
- Übung 3: „Mein Auftragsbuch."
- Übung 7: „Lust auf Loslassen."
- Übung 8: „Dein bester Freund, dein Minimalisierungs-Begleiter."

Jetzt geht es daran, deine Chefzentrale auf Vordermann zu bringen!

20. Das Zuhause in die Hand nehmen: Minimalismus in der Werkstatt

„Ob das Werkzeug früher versagt hat oder die Hand, ist ein großer Unterschied, kommt aber auf eins heraus.“

Marie von Ebner-Eschenbach

Die Werkstatt im eigenen Zuhause ist für mich als konsequenten Minimalisten von großer Bedeutung. Denn wenn ich viel Mühe auf mich genommen habe, mein ganzes Hab und Gut auf das Wesentliche und Richtige zu reduzieren, dann will ich natürlich auch lange Freude an diesen Dingen haben und nicht immer wieder von vorne beginnen. Ich pflege meine bedeutsamen und geliebten, minimierten Gegenstände. Ich säubere sie sehr ordentlich nach jedem Gebrauch und verwahre sie an ihrem Platz. Dort weiß ich sie immer, sie warten dort geduldig auf mich.

Eine Werkstatt ist dafür wichtig. Ohne Werkzeug und ohne einen Ort, an dem ich die Dinge pflegen und reparieren kann, geht es nicht. Leider ist eine Werkstatt in der Regel der Ort, an dem selbst eingefleischte Minimalisten in der Art schwach werden, dass sie sich sagen: „Das verwahre ich jetzt aber doch, das könnte ich später noch einmal gut gebrauchen." Hier fallen alle zuvor erarbeiteten Grundsätze oft in sich zusammen. Das war bei mir selber auch so. Das Haus war picobello von mir durchgearbeitet und minimalisiert. Alles war von mir reduziert, individualisiert und sortiert. Aber meine Werkstatt.... Da sah es aus, wie Kraut und Rüben. Und wenn ich einmal die Mühe auf mich genommen hatte, meine Werkstatt aufzuräumen, dann kam ich regelmäßig irgendwann an den Punkt, meine Aufräumarbeiten zu beenden, da es beim Arbeiten in der Werkstatt ja sowieso wieder unordentlich würde. Zu viel Mühe lohnt sich an diesem Ort nicht! Immerhin, es sah ja schon einmal besser aus, als vorher.

Die mühsam entstandene Ordnung hielt niemals länger als ein oder zwei Tage, dann war wieder alles beim Alten. Und wenn ich nicht der Übeltäter war, dann ein anderes Familienmitglied, das auch dachte, „Ach, das kann ich erst mal kurz hier liegen lassen". An dieser Stelle kann man **zwei ganz wesentliche Dinge** beim Minimalisieren feststellen:

1. Die Verlockung, kurz vor Ende des Aufräumens aufzuhören, ist extrem groß, fast wie ein Zwang, wie eine innere Stimme, die einen letzten Rest Unordnung erhalten will. Einen Impuls von vertrauter Unordnung, um aus diesem Nest heraus alte Strukturen der Unordnung wieder

entstehen und ausufern zu lassen. Und das geschieht mit absoluter Zuverlässigkeit. Das ist das Prinzip des "einen faulen Apfel im Korb zusammen mit vielen frischen". In kürzester Zeit wird dieser eine Apfel die Regie im Korb übernommen haben und alle anderen Äpfel werden schneller faulen.

2. Eine konsequent durchgearbeitete Minimalisierung bis in den letzten Winkel legt sich dahingegen wie ein Zaubermantel über alles. Das spürt nicht nur der, der aufräumt, sondern auch jeder andere, der diesen Ort betritt. Als stünde es auf jedem Gegenstand geschrieben und als wäre es auch in der Luft spürbar: „Dieser Ort wurde bis in den letzten Winkel aufgeräumt, strukturiert und minimalisiert. Wahre diese Ordnung in Zukunft und respektiere sie!"

Tatsächlich habe ich diese beiden Erfahrungen mehrmals erlebt. Auf der einen Seite die Verlockung des „Nicht-Bis-Ans-Ende-Gehens" und deren Folgen und auf der anderen Seite den Schutzschild der „Bis-Ans-Ende-Gebrachten-Minimalisierung".

Probiere beide Varianten selber einmal aus. Es ist pure Magie!

Nun folgt noch mein kleiner Gedankenwasserfall zum Thema Hauswerkstatt:

- Eine durchgestaltete Werkstatt ist eine wahre Freude, wenn jedes einzelne Schräubchen in seinem ihm zugewiesenen Behälter, genau an dem Ort ist, wo es sein soll und wo es sinnvoll und praktisch ist. Ich muss niemals suchen, alles hat seinen Platz und ist immer griff- und einsatzbereit.

- Es lohnt sich, etwas Geld in gutes Werkzeug zu stecken und alles Ramsch-Werkzeug wegzugeben. Mit gutem Werkzeug arbeitet man effektiver, schneller und professioneller. Es gibt hervorragende fertige Werkzeug-Koffer mit gutem Werkzeug und mehreren Jahren Garantie für wenig Geld.

- Gute Maschinen in der Werkstatt sind oft Gold wert. Sie verkürzen die Arbeit merklich. Da gute Maschinen oft teuer sind, lohnt der Gedanke, eine Maschinen-Gemeinschaft mit vertrauten Freunden zu gründen. Als perfekter Minimalist hat man andere Bastler schnell von den Vorteilen überzeugt. Gemeinsam kann man sich gute Maschinen für wenig Geld leisten. Wenn ich einen Maschinen-Pool gründe, lege ich klare Richtlinien fest, wie die Werkzeuge gemeinsam gepflegt werden und wie dies koordiniert wird. Wenn ich nicht sicher bin, ob die Koordination gut funktioniert, übernehme ich diesen Teil lieber selber. Es ist nicht viel Arbeit, ich muss mir keine Sorgen machen und schließlich bin ich doch Ordnungs-Profi! Ich halte diese Richtlinien auch unter Freunden schriftlich fest. Das spart wiederkehrende Mühe und Ärger.

- Eine aufgeräumte Werkstatt rundet die eigene Minimalisierungsarbeit vollständig ab. Es gibt ein sicheres und befriedigendes Gefühl.

<u>Was könnten meine Minimierungsgegner gegen meine Bemühungen in diesem Bereich sagen?</u>

- *„Das kann ich mit Sicherheit irgendwann einmal brauchen, das schmeiße ich nicht weg."*
- *„Ich räume meine Werkstatt auf, wenn ich einmal richtig Zeit dazu habe."*
- *„Im Notfall finde ich immer die richtige Schraube in meiner Werkstatt."*
- *„Es reicht erst einmal an Veränderung, den Rest räume ich demnächst weiter auf."*

- *„Morgen ist auch noch ein Tag."*
- *„Das war so teuer, das werfe ich nicht weg."*
- *„Das schaffe ich nicht, dieses Chaos aufzuräumen."*

Und wie kannst du dich gegen diese Angriffe deiner Minimalisierung in diesem Bereich stark machen?

- Übung 1: „Nicht mit mir!"
- Übung 3: „Mein Auftragsbuch."
- Übung 7: „Lust auf Loslassen."
- Übung 8: „Dein bester Freund, dein Minimalisierungs-Begleiter."

Eine Werkstatt, die einen grünen Minimalisierungsstempel an der Türe kleben hat, wird nie mehr chaotisch werden. Und du wirst mit Sicherheit alles sofort finden, was du suchst.

21. Den Klauen des Geldes entweichen: Minimalismus bei der Arbeit und Geld

„Wer der Meinung ist, dass man für Geld alles haben kann, gerät leicht in den Verdacht, dass er für Geld alles zu tun bereit ist."

Benjamin Franklin

Geld regiert die Welt!

Geld macht glücklich!

Geld macht frei!

Diese Ansichten wurden uns über Jahre durch immer wiederkehrende Wiederholungen eingetrichtert. Unser Leben hat sich daran orientiert, unsere Gedanken, Wünsche, Bedürfnisse und Ziele stellten sich darauf ein. Ohne es zu bemerken, haben wir uns mit diesen Sätzen identifiziert, haben sie als Wirklichkeit anerkannt. Wir haben die Begriffe Glück und Geld miteinander gleichgesetzt. Und wir haben unser Leben danach ausgerichtet. Um Geld zu bekommen, müssen wir arbeiten. Um viel Geld zu bekommen, müssen wir viel arbeiten. Denn Geld ist Glück und viel Geld ist viel Glück.

Die Menschen suchen Vertrautes. Auch in diesem Thema suchen wir das, was wir kennen – selbst wenn es unsere Lebensqualität, unsere Freiheit unter Umständen einschränkt. Für die Generation, die noch den zweiten Weltkrieg erlebt hat, bedeutete diese Haltung Neuaufbau von Zerstörtem. Diese Menschen hatten oft alles, was sie besaßen, verloren. Die Generationen danach übernahmen die Zusammenhänge von Geld, Arbeit und Lebensglück von der Generation davor und verinnerlichten diese Wirklichkeiten, ohne sie selber zu hinterfragen und ohne davor selber eigene Not erlebt zu haben.

Der Dalai Lama bringt dieses Verhältnis auf den Punkt:

„Der Mensch, er opfert seine Gesundheit um Geld zu verdienen.

Dann opfert er sein Geld um seine Gesundheit zurück zu bekommen.

Er ist so auf die Zukunft fixiert, dass er die Gegenwart nicht genießen kann.

Das Ergebnis ist, dass er weder die Zukunft noch die Gegenwart lebt.

Er lebt so als würde er niemals sterben und er stirbt so als hätte er niemals gelebt.“

– Dalai Lama

Heute beginnen sich diese festen Strukturen bei einigen Menschen aufzulockern und aufzulösen. Einige, insbesondere junge Menschen, schauen genauer hin, hinterfragen die Zusammenhänge und suchen Neues für ihr eigenes Leben.

Es wird nicht mehr unbedingt der Beruf gelernt und studiert, der das meiste Geld bringt und dadurch das größte persönliche Glück. Einige suchen bei der Arbeitsentscheidung entweder eine Arbeit, die sie zufrieden oder glücklich macht. Oder sie suchen ein Verhältnis von Arbeitszeit und Lohn und Gesundheit, das ausgewogener, gesünder, harmonischer für sie ist. Vielleicht suchen sie sogar beides: Eine Arbeit, die sie mit Freude ausführen und ein zeitliches Verhältnis, von Arbeit und Geld, dass ihnen genug Freizeit und ausreichend Geld bietet und ihre Gesundheit nicht gefährdet. Diese Menschen drehen im gewissen Sinne an ihrer Zeitschraube. Während die Menschen früher stets in der Zukunft lebten, rückt die Gegenwart für die minimalisierten Menschen immer näher zum gegenwärtigen Augenblick.

Leider ist es auch in diesem Lebensbereich so, wie in vielen anderen. Wo sich Veränderungen auftun, werden Geister geweckt, die das partout nicht zulassen wollen und die sich mit aller Kraft dagegen wehren.

Hier kommt unser Thema Minimalismus wieder ins Spiel. Es geht darum, das eigene Verhältnis von Zeit, Geld und Gesundheit zu finden und durch die Kräfte der Minimalisierung so an den eigenen Stellrädchen zu drehen, bis es exakt für einen passt.

Das Vorgehen ist bei diesem Thema das gleiche, wie bei allen vorherigen: Finde deinen Impuls, fasse deine Gegner dabei ins Auge, bereite deine Lebensveränderung durch Übungen vor und ändere dann in deinem Sinne konsequent und nachhaltig.

Hier folgt mein Gedankenwasserfall zu dem Thema. Lass ihn auf dich wirken, halte deine Impulse beim Lesen fest und führe sie für dich weiter in die Tiefe.

- Ich verschaffe mir einen glasklaren Überblick darüber, was bei mir im Monat finanziell rein und raus geht. Komme ich zu dem Ergebnis, dass ich mehr ausgebe, als einnehme, muss ich zuerst generell etwas an meinem Geldverhältnis ändern und sortieren. Auf Dauer kann das nicht funktionieren.

- Sobald ich mir einen klaren Überblick verschafft habe, kann ich mir zwei Konten anlegen. Auf dem ersten Konto deponiere ich ausreichend Geld für alle meine „Muss-Ausgaben". Auf das zweite Konto überweise ich alles, was danach noch übrig bleibt. Von diesem zweiten Konto halte ich die Hälfte zurück, um mir meine finanzielle Autonomie in Zukunft zu sichern. Die zweite Hälfte des zweiten Kontos kann ich für Investitionen, Spenden und Urlaube verwenden. Ich unterschätze die Bedeutung von Spenden nicht. Zum einen fühlt es sich gut an, bedürftigen Menschen etwas abgeben zu können. Zum anderen gebe ich mit dem gespendeten Geld einen Betrag in einen sozialen Organismus hinein, der mir zu einem anderen Zeitpunkt vielleicht auch einmal in Not helfen könnte. Gemäß des Gesetzes: „Wenn du etwas hast und etwas davon abgibst, dann wirst du auch etwas bekommen, wenn du nichts hast".

Bei der Frage nach meiner passenden Arbeit gibt es verschiedene Dinge zu bedenken. Einige davon habe ich hier aufgelistet. Suche dabei wieder deinen Impuls und greife ihn.

- Wie wichtig ist mir das Thema Selbstbestimmt im Hinblick auf meine Arbeit? Bin ich jemand, der eher die Sicherheit des Angestellten-Daseins sucht oder ist mir größtmögliche Unabhängigkeit bei gleichzeitigem vollen Risiko bedeutender?

- Wie bedeutsam ist für mich die Beziehung zwischen dem Wohnort und meinem Arbeitsplatz? Möchte ich möglichst nah bei meiner

Arbeit wohnen und ziehe deswegen gegebenenfalls sogar um, oder spielt die Entfernung der beiden Orte keine so große Rolle für mich?

- Hat meine Arbeit den Stellenwert für mich, dass ich mich stark damit identifiziere und unter Umständen auch keine Trennung zwischen Arbeit und Freizeit suche oder ist mir der klare und eindeutige Schnitt zwischen beiden Lebensbereichen wichtig?

- Wie bedeutend ist für mich die Arbeitszeit? Sollte diese für mich möglichst geregelt sein oder lieber so flexibel wie möglich?

- Liebe ich Teamarbeit oder ist es mir wichtiger, alles alleine zu bewältigen und ohne andere auszukommen?

- Ist mir ein gleichbleibender Lohn wichtig oder finde ich eine Bezahlung nach Leistung angemessener?

- Wie wichtig sind mir Aufstiegschancen bei der Arbeit? Suche ich Verantwortung oder halte ich den Ball lieber flach und arbeite nach Anordnung?

- Welchen Einfluss nehmen meine Möglichkeiten, Urlaub frei planen zu können?

- Wie ist mein Geldausgabeverhalten? Bin ich eher der Spar-Typ oder der Direktausgeber, wenn ich Geld habe?

- Passe ich meinen Lebensstil meinen Ausgaben an?

- Der größte Killer für Selbstbestimmtheit und minimalistische Geldgestaltung sind Schulden. Kann ich diese verhindern oder kann ich bestehende Schulden so schnell als möglich abbauen, um wieder zurück in die Selbstbestimmtheit zu kommen?

- Bin ich im Besitz von einer oder mehrerer Kreditkarten? Die Schuldenverlockung dieses Zahlungsmittels ist extrem hoch. Kann ich Kreditkarten in meinem Leben ganz verhindern oder deren

Einsatz ausschließlich auf das Nötige reduzieren? (Zum Beispiel ausschließlich als Zahlungsmittel im Urlaub oder bei Internetkäufen.)

Hier kommen die möglichen Sätze der Feinde von Minimalisierung in diesem Lebensbereich:

- *„Bloß keine Veränderung, alles läuft doch so ganz gut."*
- *„Jetzt ist der falsche Zeitpunkt für eine Veränderung. Vielleicht später einmal."*
- *„Eine Veränderung ist nicht nur aufwendig und kraftraubend, sondern auch riskant."*
- *„Ich muss an meine Zukunft denken. Wenn ich jetzt weniger arbeite und weniger verdiene, reicht es in der Rente nicht."*
- *„Das schaffe ich nicht, hier etwas zu verändern."*

Deine Hilfen aus dem „Starkmachprogramm" könnten folgende sein:

- Übung 1: „Nicht mit mir!"
- Übung 2: „Ich kann nicht klagen."
- Übung 4: „Heute nicht nach Schema F."
- Übung 7: „Lust auf Loslassen."
- Übung 8: „Dein bester Freund, dein Minimalisierungs-Begleiter."

Die Gefahr, beim Thema Geld und beim Thema Arbeit, die freie Selbstbestimmtheit zu verlieren ist insgesamt sehr groß. Deswegen lohnt es sich, dieses Thema beim Minimalisieren aufrichtig und tiefgehend durchzuarbeiten und erst damit zur Ruhe zu kommen, wenn man seine beste Form gefunden hat. Wir arbeiten viel und lange in unserem Leben und Geld spielt eine prägende Rolle für die meisten Menschen, dass wir möglichst nah an unsere optimale, eigene Form heran kommen sollten. Für wen oder was sollten wir es anders halten, wenn wir Einfluss darauf nehmen können?

22. Maximalspaß nach Minimalisieren der Freizeit

„Nichtstun macht nur dann Spaß, wenn man eigentlich viel zu tun hätte."

Noel Coward

Freizeit wird meist als die wertvollere Zeit gewertet. Man freut sich in der Regel mehr auf die Freizeit, als auf die Arbeitszeit. Als professioneller Minimalist korrigiert man dieses Ungleichgewicht. Arbeitszeit und Freizeit sind beides Zeiten, die unsere volle Aufmerksamkeit, unser ganzes Bewusstsein fordern. Sobald wir beide vollständig „mit uns füllen", besteht kein qualitativer Unterschied zwischen ihnen.

Aber aufgrund ihres augenscheinlichen Ungleichgewichts, sehnen wir uns nach der Freizeit und grämen uns der Arbeitszeit entgegen. Letztere wird oft als verlorene Zeit gewertet. Dabei identifizieren wir uns mehr über unsere Arbeit, als über das, was wir in der Freizeit tun. „Wer ist das denn da drüben?". „Das ist der Bernd, der Bäcker." Ob dieser Bernd vielleicht Vater von drei Kindern ist, seine Frau von Herzen gerne verwöhnt, er mit Vorliebe nach Schweden zum Angeln in den Urlaub fährt und er Tiere über alles liebt, ist bei der ersten Begegnung erst einmal uninteressant. Sobald wir den Beruf von jemanden wissen, meinen wir ihn oder sie schon einmal einordnen zu können und geben uns damit zufrieden. Vielleicht vertiefen wir unser Interesse an ihm oder an ihr noch anhand der besonderen beruflichen Fähigkeiten oder Mängel, aber dann ist auch schon Schluss. „Der Bernd macht das beste Vollkornbrot." Oder: „Seine Baguettes kannst du völlig vergessen." Zack, schon meinen wir denjenigen zu kennen.

Aber wenden wir uns doch der ersehnten Zeit, der Freizeit zu.

So sehr die Freizeit erwartet wird, so wenig können wir oft in unserem Sinne mit ihr umgehen.

„Endlich Freitag Nachmittag, Wochenende" und dann lassen wir uns zuhause auf das Sofa fallen und checken erst einmal zwei Stunden unsere verschiedenen Messenger durch, um mit unseren Freunden auszuhandeln, ob und wie wir uns am Wochenende sehen können oder nicht.

Wenn wir uns unsere Freizeit näher betrachten, ist sie oft angefüllt mit Dingen, die wir eigentlich nicht tun wollen. Häufig noch mehr als die Arbeitszeit. Wir verfolgen im Fernsehen langweilige Serien, wir treffen uns mit Menschen, denen wir eigentlich lieber nicht über den Weg laufen.

„Ich finde die Birgit von der Arbeit eigentlich ganz nett, aber die Zeit und die Begegnung mit ihr dort reicht mir. Sie hat mich wegen eines Abendessens gefragt und ich kann diese nette Frau doch unmöglich enttäuschen und das Treffen mit ihr absagen." Also treffen wir uns mit Birgit und warten insgeheim darauf, dass die Zeit schnell vorbei geht. Das ist nicht nur Zeit für dich, die du eigentlich so nicht möchtest, sondern es ist auch Birgit gegenüber ungerecht, weil du sie nicht hundert prozentig ernst nimmst und ihr etwas Falsches vortäuschst.

Erster wichtiger Grundsatz für die Minimalisierung deiner Freizeit: KEINE KOMPROMISSE! Sei dir selber treu und sei ehrlich zu deinen Mitmenschen.

Dann wenden wir uns dem Gedankenwasserfall zu diesem Thema zu:

- Zunächst einmal, ganz wichtig, wie auch schon im Thema Beziehungen gesagt: Ich reserviere mir regelmäßig Zeit mit mir alleine im Alltag, auch wenn ich ein Gesellschaftsmensch bin und ich vielleicht sogar einen super Partner an meiner Seite habe. Ich werde immer in meiner Nähe sein, also sollte ich bestens mit mir auskommen können. Ich bemühe mich, mir ein prima Freund zu sein, mit dem ich richtig gerne Zeit verbringe. Dann macht das Mit-sich-Sein Spaß.

- Ich sichere mir gezielte Zeiten für Ruhe und Entspannung. Meditation, Yoga oder andere Entspannungsübungen sind Medizin für Seele und Körper. Es wurden wissenschaftliche Untersuchungen durchgeführt, bei denen nachgewiesen werden konnte, dass Menschen, die regelmäßig meditieren, erheblich weniger Zivilisationskrankheiten, wie Herzinfarkte und Schlaganfälle erleiden. Und sie sind in der Regel zufriedener und glücklicher als Menschen ohne diese alltäglichen Ruhepausen.

- Meine Freizeit überlasse ich nicht dem Zufall. Ich plane sie, damit das Verhältnis von Aktivität und Ruhe stimmig und in meinem Sinne ist.

- Ich fertige mir eine Liste mit Aktivitäten an, die ich von Herzen gerne ausführen möchte. Oft fällt einem nicht ein, was man unbedingt einmal tun oder erleben wollte, wenn man gerade Zeit hat. Mit meiner Liste kann ich immer auf das Highlight meiner Wunschaktivität zurückgreifen. Meine Liste erweitere und verfeinere ich dauerhaft. Ich notiere mir Bemerkungen, Ideen und Links darin und bin nicht zimperlich mit meinen Wünschen und Freizeitzielen. Oft kann man scheinbar unerreichbare Ziele realistisch werden lassen, indem sie auf der Liste stehen. Es geschehen manchmal die überraschendsten Gegebenheiten, Begegnungen oder Möglichkeiten, wenn man klar hat, was man will. Umso klarer, desto erreichbarer werden sie.

- Ich pflege kulturelle Aktivitäten, wie Gänge ins Kino, Theater, Museen, in die Oper oder zu Konzerten. So eine kulturelle Veranstaltung kann mich viel mehr bereichern, glücklich und zufrieden machen, als ein neues Kleidungsstück.

- Eine wunderschöne Idee für Minimalisten finde ich, Zeit und Aktivitäten an andere zu verschenken. Ich schenke eine besondere Wanderung, eine Kanufahrt auf einem Fluss, den gemeinsamen Besuch eines ganz besonderen Ortes. Materielle Geschenke werden, auch wenn jemand sich sehr darüber gefreut hat, oft in Vergessenheit geraten, eine gelungene gemeinsame Aktivität oder ein schönes Erlebnis niemals!

- Ich wähle Hobbies, welche die Umwelt nicht unnötig belasten. Zum Beispiel Unternehmungen, mit kurzer Anreise oder bei denen kein oder wenig Strom oder Benzin verbraucht wird.

- Darüber hinaus macht es mir vielleicht sogar Spaß, mich bei umweltfördernden Vereinigungen zu beteiligen oder in Tierheimen mitzuhelfen.

- Für viele Menschen, die ihr Leben gut und gerne minimieren, fallen Bücher aus dem Rahmen. Das heißt, sie befreien sich sonst von allem Überfluss, überfüllen aber ihren Bücherschrank und können sich von keinem lösen, selbst wenn sie es über Jahre nicht mehr in der Hand hatten. Heute gibt es in jeder Stadt Bücherschränke, in denen sich andere über deine ausrangierten Bücher freuen. Außerdem habe ich hier selber auch die Möglichkeit mir immer wieder neue Bücher zu besorgen. Ich liebe diesen Impuls des gemeinsamen Nutzens. Das finde ich oft das Herrliche am Minimieren, dass dadurch phantastische Win-Win-Situationen entstehen. Keiner hat einen Schaden, jeder einen Nutzen.

- Dieses Prinzip gilt natürlich auch für kostenaufwendigere Hobbies. Ich teile mit Freunden die Anschaffung eines Sportgeräts. Wir haben beide etwas davon, müssen aber nur die Hälfte dafür investieren. Und im Sozialen ist es eine wunderbare Aufgabe, nicht unbedingt etwas alleine oder das beste Gerät zu besitzen. Wieder eine Win-Win-Situation, von der alle profitieren. Es braucht nur gute soziale und klare Absprachen untereinander, damit es gelingen kann. Ab in den Müll mit dem Egowunsch des Alleinbesitzens!

- Kann ich bei der regelmäßigen Serie im Fernsehen wirklich so gut entspannen und abschalten? Wenn ich den Inhalt der Serie oder Show einen Augenblick aus der Distanz betrachte, erkenne ich vielleicht, dass ich als Zuschauer dabei nur missbraucht werde und dass der Genuss der meisten Sendungen voraussetzt, dass ich meine Kritikfähigkeit ausschalte.

- Mit etwas Planung kann ich meine Einkäufe in der Stadt deutlich reduzieren. Manchmal benötigt man die Butter nicht sofort, sondern es reicht auch noch morgen, wenn Ich sowieso auf dem Weg bin. Das spart Zeit, eventuell Sprit und Energie.

- Ich überprüfe meine Kommunikation mit meinen Freunden und Bekannten kritisch. So wie die Unterhaltung im Fernsehen, werden wir von den meisten Messengern im Internet nur benutzt. Wir haben dabei das Gefühl in die unmittelbare Kommunikation mit anderen Menschen einzutreten, dabei weichen wir tatsächlicher Begegnung nur aus und schaffen Missverständnisse. Obendrein senke ich das Niveau von Begegnungen mit Menschen, wenn ich mich über Smilies versuche verständlich zu machen und meine Gefühle auszudrücken. Messenger bieten neben ihren Vorteilen der raschen Mitteilung die Verlockung an, sich in Überflüssigem zu verlieren und durch permanentes Reagieren in Abhängigkeiten zu geraten.

<u>Und auch in diesem Lebensbereich, den du ändern willst, warten die Feinde auf dich und befeuern dich mit diesen oder ähnlichen Argumenten:</u>

- „Bloß keine Veränderung, alles war bisher gut so.”
- „Wenn ich mich aus den sozialen Medien zurückziehe, vereinsame ich.”
- „Falscher Zeitpunkt für eine Veränderung. Später einmal.”
- „Ich will doch up-to-date bleiben. Wenn ich den Faden verliere, bin ich draußen.”
- „Alle wären enttäuscht von mir, wenn ich mich hier zurück ziehe.”
- „Wie vieles würde mir ohne die sozialen Medien verloren gehen.”
- „Eine Veränderung ist viel zu zeit- und kraftaufwendig.”

Diese Übungen können dich stärken:

- Übung 1: „Nicht mit mir."
- Übung 2: „Ich kann nicht klagen."
- Übung 4: „Heute nicht nach Schema F."
- Übung 5: „Scharfe Sinne, blanker Genuss."
- Übung 6: „Stopp! Grenze suchen; Grenze setzen."
- Übung 7: „Lust auf Loslassen."
- Übung 8: „Dein bester Freund, dein Minimalisierungs-Begleiter."

Denke daran, Begegnungen mit anderen Menschen gab es auch vor den sozialen Medien. Und die waren nicht unbedingt schlechter oder oberflächlicher.

23. Einfach unterwegs: Minimalistisches Reisen

„Die Welt ist ein Buch. Wer nie reist, sieht nur eine Seite davon.“

Augustinus Aurelius

Die schönste Zeit für den Minimalisten aus Leidenschaft ist das Reisen. Hier kann Minimalismus Lebenskunst- und Ziel sein. Beim Reisen muss man kaum jemandem den Vorzug des Minimierens erklären. Wer will schon zu viel mit sich herum schleppen oder sich darum kümmern? Umso weniger wir unterwegs brauchen, desto angenehmer und leichter ist es. Reisen ist der geeignetste Umstand, um einem das Minimieren schmackhaft zu machen.

Früher, bevor ich Familienvater von vier Kindern wurde, als ich noch vollkommen frei und unabhängig in meiner Lebensgestaltung war, konnte es vorkommen, dass ich nur mit meiner Kleidung auf der Haut, frischer Unterwäsche (da ich ein sehr reinlicher Mensch bin) und mit Zahnbürste und Zahnpasta, per Anhalter losgezogen bin und es genossen habe, mich um so wenig kümmern zu müssen. Danach wurde ich, wie gesagt, Vater von vier Kindern und meine Minimalismuswelt brach in Scherben zusammen. Plötzlich war das Fahrrad, die Gitarre, das Skateboard und die Rollschuhe auf Reisen unentbehrlich für unsere Kinder. Ich möchte nicht den Eindruck entstehen lassen, dass durch meine Familie eine schwere oder unglückliche Zeit für mich begann. Im Gegenteil, ich bin der glücklichste Familienvater der Welt und ich wollte keine einzige Minute meiner Familienzeit missen, stellte diese sich auch noch so sehr gegen meine Minimalisierungsbestrebungen aus der Zeit davor. Meine Frau und ich wurden zu Logistik- und Koordinationsprofis im Hinblick auf die Anwesenheit der gewünschten Gegenstände unserer Kinder im Urlaub. Wenn es ihnen wichtig war, durfte es mit und musste arrangiert werden! Wir fuhren mit Van und Hänger nach Italien und hatten das komplette Equipment einer Musikband dabei. Sehr zur Freude (tatsächlich) unserer Vermieter. Heute sind unsere vier Kinder sowohl in ihrem eigenen zuhause, als auch auf Reisen wahre Meister der Minimalisierung und selbst ich kann mir oft eine Scheibe von ihnen abschneiden.

Mein Übergang vom Einzel-Reise-Minimalisten zum Familien-Reise-Logistiker verlief mit folgendem Erlebnis:

Frisch verliebt in meine wunderbare Frau, bereiteten wir unsere erste gemeinsame Urlaubsreise (diesmal mit eigenem Auto) in die Berge vor. Wie gesagt, ich war es gewohnt, wochenlang mit nichts unterwegs zu sein. Jetzt begann meine Frau, „die wichtigsten Dinge" in den Wagen zu packen. Erst staunte ich darüber, wie vieles „wichtig" und „unentbehrlich" sein kann, dann erschrak ich, als der Wagen sich unter dem Gewicht der Ladung bedenklich zu senken begann. Als dann noch die Frage meiner Frau folgte, ob wir einen 5 Kilo Sack mit Äpfeln mitnehmen wollten, versuchte ich ihr Anliegen erst dadurch abzuwenden, indem ich mit der Begründung verneinte, momentan gar keinen Hunger zu haben. Irgendwie landete der Sack trotzdem im Inneren des Wagens. Wie sich heraus stellte, sehr zu meinem Glück, denn schon nach wenigen Kilometern Autofahrt äußerste ich – als habe es die Vorgeschichte gar nicht gegeben – die zarte Frage, ob wir etwas zu essen im Auto hätten, da mich jetzt der Hunger zwickte. Ich war froh und dankbar um den Sack leckerer Äpfel im Auto.

Von da bis heute war es ein langer Weg und wir haben sehr viele gemeinsame Reisen unternommen und ich fand zu meiner alten Minimalisierungsneigung zurück und habe sie in mein heutiges Leben mit Freude und Erfahrung integriert. Als wertvolle Essenz dieser Erfahrungszeit stammen die folgenden Listen, die ich dir anstelle eines Gedankenwasserfalls zu dem Thema als Bonus-Geschenk zum Minimalisieren für deine künftigen Reisen anbiete. Zunächst präsentiere ich dir eine lang erprobte Liste und anschließend noch eine „Profi-Erweiterung" für Reisen in kalten Jahreszeiten oder kühlere Regionen (zum Beispiel für Trekkingtouren durch die Berge). Dieser wiederum folgt eine „Profi-Erweiterung" für das Reisen in der freien Natur. Auch wenn die Listen meiner langen Erfahrungen und meinen vielen Reisen entspringen, möchte ich nochmals betonen, dass es – auch in dem Bereich Reisen – keine einheitliche Minimalisierungsrichtlinie gibt. Jeder hat seine eigenen Schwerpunkte. Meine Packlisten sollen dir – wie alles in diesem Buch – Anregungen sein, dein Eigenes zu finden. Ich liebe Listen, die aus Erfahrungen entstanden sind, da sie uns mühevolle Wiederholungen ersparen. Wir können unsere Energie und Zeit für Neues nutzen. Ein ganz wesentlicher Teil einer professionellen Minimalisierung!

Ich habe von einem meiner Söhne einen genialen Tipp übernommen, der den Umgang mit dem eigenen Gepäck ungemein erleichtert:

Nach Kategorien sortiert packe ich verschiedene zusammengehörige Gegenstände in separat verschließbare leichte Beutel. Diese Beutel sind entweder in unterschiedlichsten Größen in Outdoor-Läden zu erstehen oder man näht sie sich selber. Ich selber habe Beutel für unterschiedliche Kategorien: Kategorie 1: Unterwäsche, Kategorie 2: T-Shirts und so weiter.

Ein weiterer Sohn von mir hatte die hervorragende Idee zwecks perfekter Ordnung im Gepäck und zur Platzersparnis, jedes einzelne Kleidungsstück eng zu rollen und durch einen Gummi zu halten. Diese handlichen einzelnen Kleidungs-Päckchen können sehr gut in die dafür vorgesehen Kategorie-Beutel verpackt werden. Sie nehmen deutlich weniger Platz ein und jede Suche und jedes zügige Einpacken unterwegs wird zur reinen Freude. Wenn sich die Kategorie-Päckchen dann auch noch konsequent an der gleichen Stelle im Rucksack befinden, ist das Packen, Suchen und Finden ein wahres Kinderspiel. In den folgenden Listen gebe ich diesen Päckchen zum Beispiel die Namen: „Unterhosen-Päckchen". Du weißt, wie du mit den Kleidungsstücken umgehen kannst, wenn solch ein Begriff in der Liste auftaucht.

1. Meine Minimalisten „Heiß-Reiseliste"

Meine Wertsachen:

Ein Bauchgürtel, in dem ich meine wichtigsten Wertsachen immer nah bei mir habe:

1. Portemonnaie
2. Bargeld für den Reisestart. Ich nehme in der Regel so viel mit, dass ich für Notfälle ausreichend dabei habe, aber nur so viel, dass die Reise im Fall eines Diebstahls nicht vorbei wäre.

3. Reisepass

4. Ggf. alle Reisetickets für Zug, Flug oder Bus

5. Meine Krankenversicherungskarte oder ggf. zusätzlich meine Auslandskrankenversicherungskarte

6. Kredit- oder EC-Karte

7. Ggf. internationaler Führerschein. Falls du nicht weißt, wie man diesen erhält: Geh mit deinem deutschen Führerschein und zwei Passbildern zu deiner Führerscheinbehörde bei der Kreisverwaltung. Dort erhältst du unmittelbar gegen einen Kostenaufwand unter 20 Euro deinen internationalen Führerschein.

8. Die wichtigen Dokumente, wie Reisepass und Tickets kopiere ich und laminiere diese Kopien. Sollte mir meine Wertunterlagen unterwegs gestohlen werden, kann ich mich trotzdem ausweisen und meine Identität und gegebenenfalls mein kopiertes Visum fürs Land vorweisen. Im Notfall kann das Gold wert sein, auch wenn eine Kopie das Original nicht ersetzt.

9. Ich habe immer einige Passfotos von mir dabei. Auch diese sind manchmal sehr hilfreich und sie wiegen fast nichts.

Weitere Taschen:

1. Ein bequemer Rucksack, der individuell auf den eigenen Körper eingestellt werden kann mit einem passenden Regenschutz dazu. Ich spare beim Kauf meines Rucksacks nicht, das erspart mir später Kraft und Rückenschmerzen. Mein Rucksack hält während der Reise mein gesamtes Hab und Gut für mich zusammen.

2. Ein leichter, kleiner, zusammenfaltbarer Rucksack mit guten Trägern für das Hand- oder Tagesgepäck.

3. Ein großer leichter Nylon- oder Stoffbeutel für meine Schmutzwäsche unterwegs.

4. Ein 5-Liter Beutel aus wasserdichter Lastwagenplane, um die Wertsachen vor Nässe zu schützen. Zum Beispiel kann ich am Strand alle meine Wertsachen darin sand- und wassergeschützt verstauen, oder er bietet diesen Gegenständen bei einem überraschendem Regen Schutz.

Meine Körperreinigungs-Utensilien:

1. Ein leichter, stabiler gerollter Kulturbeutel mit Aufhängehaken und guten Unterteilungsmöglichkeiten.

2. Eine Reisezahnbürste (bei Flugreisen habe ich immer eine zweite Zahnbürste mit extra kleiner Zahncreme im Handgepäck.)

3. Zahnpasta

4. Zahnseide

5. Haarbürste oder Haarkamm

6. Eine Allround-Bio-Waschflüssigkeit, die nahezu vollständig biologisch abbaubar ist und mit der ich ich meine Haare, meinen Körper, meine Kleidung und gegebenenfalls mein Geschirr waschen kann. Diese Outdoor-Waschflüssigkeit ist unglaublich ergiebig und ersetzt vier unterschiedliche Waschmittel, welche für die Umwelt schädigend sein könnten. Man erhält diese biologisch abbaubare Allround-Seife im Outdoor-Laden oder im Internet.

7. Deodorant (ggf. aus Eigenproduktion, da es billig, umweltfreundlich, individuell und ergiebig ist.)

8. Körperlotion oder After-Sun-Lotion

9. Sonnencreme

10. Nagelfeile
11. Nagelklipser oder Nagelschere
12. Pinzette
13. Einige Watteträger, die ich zum Schutz vor Nässe in ein Plastiktütchen packe.
14. Rasierer, Rasierschaum, After-Lotion oder Rasierwasser
15. (Bei Frauen) Binden, Tampons
16. Kleine Plastikbeutel für alle Fälle
17. Bei Flugreisen fürs Handgepäck ein verschließbarer 1 Liter Plastikbeutel, um Flüssigkeiten, Cremes, Gels und flüssige Arzneien ins Handgepäck mitnehmen zu dürfen. Darin dürfen je 100 ml Flüssigkeit einer Flüssigkeit mitgeführt werden. Dieser Beutel muss beim Sicherheitscheck am Flughafen unaufgefordert vorgezeigt werden.
18. Einige Feuchttücher für die kleinen Notfälle
19. Unterhosen-Päckchen mit maximal 5 gerollten Unterhosen. (Auch bei gesteigertem Reinlichkeitswunsch reicht diese Anzahl in der Regel aus, da man binnen 5 Tagen sicherlich eine Kleider-Wasch-Pause einlegen kann.
20. T-Shirt-Päckchen mit maximal 5 gerollten T-Shirts, einem gerollten Hemd oder einem langärmligen T-Shirt.
21. Hosen-Päckchen mit maximal einer langen und zwei kurzen gerollten Hosen.

Ein Schwimm-Päckchen mit:

1. Eine schnell, trocknende gerollte Badehose oder bei Frauen einem gerollten Bikini oder Badeanzug

2. Einem gerollten Mikrofaserhandtuch in Größe ca. 120x40 cm. Diese Mikrofaserhandtücher sind fürs Reisen ideal, weil es ein großes Problem unterwegs sein kann, wenn man die Handtücher nicht trocken bekommt. Die Mikrofaserhandtücher sind zwar aus Plastik, aber hier überwiegt für mich der praktische Vorteil, da diese nach Gebrauch ausgeschüttelt werden können und binnen kürzester Zeit trocknen.

3. Einem gerollten Mikrofaserhandtuch in Größe 180x50 cm als Strandlaken.

Ein Überlebens-Päckchen mit:

1. Gegebenenfalls Brille, Brillenhülle und Brillenputztuch
2. Sonnenbrille mit Hülle und Brillenputztuch
3. Mobiltelefon mit Ladekabel
4. Auslands-Stromadapter
5. Einem sehr gutem Taschenmesser. Ich spare daran nicht, denn es leistet oft gute Dienste. Aber ich denke immer daran, dass es sich auf keinem Fall im Flugzeug im Handgepäck finden darf, sonst ist es futsch.
6. Einem Mehrzweck-Reisetool mit Zange und Schraubenziehern. Auch dieses gehört auf keinen Fall ins Handgepäck im Flugzeug.
7. Einer kleinen LED-Taschenlampe mit 2000 Lumen und Ersatzbatterien oder einer guten LED-Kopflampe
8. Einem Päckchen mit Gummiringen

9. Einem kleinen Päckchen mit Nähzeug (Nähnadel, unterschiedlich farbige Fäden und ein paar Ersatzknöpfen)

10. Einem Päckchen mit einer ca. 5 Meter langen kräftigen Nylonschnur als Wäscheleine und ca. 20 leichten Wäscheklammern.

11. Einem Waschbeckenstopfen zum Kleiderwaschen. Bei Outdoor-Artikeln gibt es Universal-Abflusstopfen. Ihr Wert ist für Reise-Minimalisten nicht zu unterschätzen, da man darauf angewiesen ist, waschen zu können. Wie oft fand ich Waschbecken ohne Verschlussmöglichkeit auf Reisen vor.

12. Einem kräftigen Reisevorhängeschloss mit Schlüssel

13. Einem guten Kugelschreiber

14. Einem leeren kleinen Heftchen, um Notizen aufzuschreiben

15. Einer guten Trinkflasche

16. Einem Sturmfeuerzeug (Darf nicht ins Flugzeug)

<u>Zum Schlafen:</u>

1. Gegebenenfalls einen leichten Sommerschlafsack oder ein Schlafsackinlett aus Baumwolle oder aus Seide

2. Gegebenenfalls eine leichte, faltbare Isomatte

<u>Zur Unterhaltung und Orientierung:</u>

1. Bücher oder ein E-Book Reader mit geladenen Büchern

2. Ein Reiseführer als Buch oder als E-Book auf dem Kindle

3. Landkarten

Ein medizinisches Notfallpäckchen mit:

(Hierbei möchte ich auf meinen beruflichen medizinischen Hintergrund verweisen. In diesem Bereich ist mir selber neben dem minimalistischen Ansatz der autonome sehr wichtig. Wenn ich im Dschungel Fieber habe, möchte ich nicht davon abhängig sein, wo hier die nächste Apotheke zu finden ist. Aber das ist mein ganz persönlicher Anspruch an mein medizinisches Päckchen im Gepäck. Es steht dir frei, deinen Rucksack viel einfacher zu packen und nicht für alle Fälle etwas dabei zu haben.)

1. Ausreichend eigene Dauer-Medikation
2. Salbe bei Stichen und bei Sonnenbrand
3. Gegebenenfalls eine Auswahl an homöopathischen Mitteln
4. Ein Medikament gegen Allergien und Juckreiz
5. Ein Schmerzmittel
6. Ein Mittel gegen Übelkeit
7. Ein Mittel gegen Durchfall
8. Eine Auswahl verschieden großer Pflaster
9. Zwei unterschiedlich große Mull-Binden
10. Eine Kniestütze oder eine elastische Binde bei Kniebeschwerden
11. Eine Packung Blasenpflaster
12. Ein digitales Fieber-Thermometer

Da ich ein Fan von Hängematten bin, habe ich eine besonders leichte, gute im Gepäck dabei. Für mich ist das Schaukeln in einer Hängematte an einem schönen Ort eine Genussexplosion. Außerdem hat mich die Hängematte schon manches mal gerettet, wenn ich keine Schlafunterkunft mehr bekommen konnte und so die freie Natur zu meinem Schlafzimmer wurde. Ich habe dafür eine leichte professionelle Seil-Aufhängevorrichtung, die ich mit dem sogenannten „Siberian-Hitch-Knoten" mühelos an jedem Baum befestigen und wieder lösen kann. Wie man diesen Knoten bindet, kannst du dir bei YouTube in einem Kurzvideo ansehen, wenn du den Namen des Knotens oder „Hängematten aufhängen" eingibst.

Ebenfalls:

1. Trekking-Sandalen mit Plastiktüte zum sauberen Aufbewahren.
2. Geschlossene Trekking-Schuhe mit Nylon- oder Plastiktüte zum sauberen Aufbewahren.
3. Ein guter Regenponcho oder eine Regenjacke
4. Ein leichter Fliespulli
5. Eine leichte Softshelljacke
6. Eine Sonnenkappe- oder mütze
7. Ein Halstuch oder Buff

Dieses Gepäck wiegt je nach Qualität ungefähr 8-9 kg und ist leicht mitzuführen. Es bietet Hilfe für nahezu jede Situation in heißen Gegenden.

Für die kalten Regionen oder für Bergtouren empfehle ich dir folgende Erweiterung deiner Ausstattung:

2. Minimalisten Profi-Erweiterung: „Kalt- und Nass-Reisegepäckliste"

1. Ein passender Schutz für meinen Rucksack vor Nässe und vor Verschmutzung. Einen Regenschutz habe ich ja bereits in meiner „Heiß-Gepäckliste", da es auch in heißen Regionen unerwartet regnen kann. Für meine Profi-Erweiterung: „Kalt und Nass" empfehle ich aber zusätzlich einen fertigen Überzug für meinen Rucksack, der ihn im Flugzeug oder auf Lastwagen oder Bussen beim Reisen vor Beschädigungen schützt oder einen Kunststoff-Reissack, der die gleiche Funktion erfüllt, weniger kostet und sehr leicht ist. Es ist so lästig, wenn das wenige, wertvolle Hab und Gut unterwegs verschmutzt oder nass wird.

2. Einen wärmeren Schlafsack, der an die Temperatur angepasst ist, in der ich schlafen werde. Dabei ist zu bedenken, dass die auf dem Schlafsack angegebene Temperatur nur sicher stellt, dass man nicht erfriert. Die Wohlfühltemperatur ist meistens deutlich höher und muss beim Kauf des Schlafsacks bedacht werden.

3. Eine, an die erwartete Temperatur, angepasste Isomatte. Besonders eigenen sich faltbare, da sie nicht so breit sind und sicher im Inneren des Rucksacks verstaut werden können.

4. Eine warmhaltende Thermohose. Bestenfalls ist sie auch Regen- und Winddicht.

5. 2 Paar warme Woll-Trekking-Socken. Wolle hat den Vorteil, dass sie viel seltener gewaschen werden muss. Man kann Trekking-Wollsocken auch bei extremster Beanspruchung mehrere Tage tragen, ohne dass es stark riecht.

6. Gute Wander- oder Trekkingschuhe. Ich bedenke beim Kauf das richtige Verhältnis von Gewicht und Sicherheit.

7. Gegebenenfalls Trekkingstöcke. Sie erleichtern im Gebirge nicht nur das Laufen bergab, sondern sie haben mir schon mehr als einmal das Leben gerettet, indem sie mir an schwierigen Stellen den nötigen Halt gaben.

8. Eine leichte, warme Softshellweste gegen Wind.

9. Eine leichte Softshelljacke gegen Wind.

10. Ein warmer Buff zum Schutz des Halses vor Kälte.

11. Eine winddichte Mütze mit Ohrenschützern.

12. Warme Handschuhe aus Goretex.

13. Gamaschen für meine Wanderschuhe. Nasse Füße unterwegs sind etwas schreckliches. Ich versuche das unbedingt zu vermeiden.

14. Ein qualitativ hochwertiger Regenponcho, der auch den Rucksack auf dem Rücken mitbedeckt oder eine gute Regenjacke und -hose.

15. Ein leichter Outdoor-Regenschirm, da es oft bequemer ist, als ein Poncho.

Mit dieser Ausrüstung bin ich für alle Fälle bestens abgesichert. Das kann ich aus einer über dreißigjährigen, ausgeprägten Reiseerfahrung versichern.

Zuletzt folgt jetzt noch die Profi-Erweiterung, falls ich darauf angewiesen bin, draußen zu schlafen und mir mein Essen und Trinken selber zu kochen.

3. Minimalisten-Profi-Erweiterung: „Leben in freier Natur"

Für die Hardcore-Minimalisten und für die Extremabenteurer kommt jetzt noch die Erweiterung der Packliste für das Leben in der freien Natur. Sei dir darüber bewusst, dass Wildcampen in den meisten Ländern offiziell verboten ist und bestraft wird. Einige Länder dulden es aber. Ganz frei in der Natur unterwegs zu sein ist ein herrliches Gefühl, das mit nichts anderem zu vergleichen ist und eine wunderbare Erfahrung. Wenn du dich an die von mir genannten Packlisten hältst, wird dein Gepäck nicht zu schwer. Du kannst bequem damit wandern und dir sicher sein, dass du für fast jeden Fall das richtige in deinem Gepäck vorfindest. Eine unabhängige Trekkingtour stärkt das Minimalismusgefühl. Danach sieht man ein überfülltes Zuhause mit ganz anderem Augen und entwickelt meistens einen ausgeprägten „Durst" nach konsequentem Minimalisieren des eigenen Lebens, wenn es nicht schon früher geschehen ist.

<u>Kochausrüstung:</u>

1. Ein leichtes Essschüsselchen.

2. Ein leichtes Reise-Essbesteck.

3. Ein Trekking-Kochtöpfchen mit Pfanne und Deckel.

4. Ein Reise-Gaskocher mit Ersatzkartusche. Bedenke, dass man bei Minusgraden und in hohen Höhe einen Benzinkocher mit Brennbenzin benötigt, da Gas dann nicht mehr brennt.

5. Ein verschließbares Töpfchen für fertiges Essen.

6. Gute Trinkflaschen. Beim Wandern oder in den Bergen muss man wenigstens 3 Liter pro Tag trinken. Das ist keine Geschmackssache, sondern zu weniges Trinken unterwegs kann lebensbedrohlich werden.

7. Ein Wasserfilter, der schmutziges Wasser in Trinkwasser verwandelt.

8. Wasser-Desinfektions-Tabletten.

9. Ein faltbares Reisewaschbecken zum Waschen und zum Spülen.

Zelten und Campen:

1. Ein leichtes Zelt. Sollte ich es auf dem Rücken tragen müssen, achte ich darauf, dass es nicht schwerer als zwei Kilogramm ist.

2. Ein Zeltvordach mit Spanngurten, unter dem ich auch bei Regen sitzen und kochen kann.

3. Eine Campingdusche.

Essen und Trinken:

Das ist ganz davon abhängig, ob ich mir unterwegs Essen und Trinken kaufen kann. Auch auf vielen Bergtouren besteht die Möglichkeit unterwegs bei Einheimischen zu essen. Das erleichtert das Gepäck natürlich ungemein, da Essen und Trinken schwer aber lebensnotwendig ist. Auch wenn ich auf meiner Tour an Essen kommen kann, denke ich daran, Power-Riegel oder Traubenzucker gegen Unterzuckerungen dabei zu haben. Das kann einem das Leben retten.

Und selbstverständlich muss ich unbedingt darauf achten, ausreichend Wasser dabei zu haben oder die Möglichkeit, über einen Wasserfilter selbstständig Trinkwasser herstellen zu können. Zu wenig Flüssigkeit ist noch gefährlicher als zu wenig Nahrung!

Zu guter Letzt habe ich noch ein kleines Set an Gewürzen (Salz, Pfeffer, Gemüsebrühe usw.) dabei. Das hebt oft den Genuss spartanischen Essens ungemein.

Mit meinen drei Packlisten im Gepäck bin ich unterwegs bestens ausgerüstet. Als Profi-Minimalist bin ich dadurch nahezu jeder Situation gewachsen. Alles weitere ist Luxus. Es liegt bei dir, wie viel Luxus du zusätzlich in deinem Reiseleben nutzen möchtest. Das entscheidet alleine dein innerer Minimalistenimpuls, dem du folgst. Es ist ein herrliches Gefühl alles, was man benötigt auf den eigenen Schultern zu tragen. Eine phantastische Erfahrung!

Das Problem mit dem Reisen ist im Hinblick auf Ökologie nicht leicht. Reisen in ferne Länder sind ohne Flugzeug kaum zu bewältigen. Dahingegen bedürfen kurze Reisen oft nur eine Umorganisation, wenn man auf Kurzstreckenflüge ganz verzichten will. Kann man das Fliegen nicht umgehen, lohnt sich die Überlegung, ob man Geld für eine Institution spendet, die sich für die Verbesserung der Umwelt aktiv einsetzt. Je nachdem, von welcher Seite man diese Entscheidung sieht, kann man dies als Augenwischerei oder als Verantwortungsgefühl betrachten. Die Entscheidung dafür liegt bei jedem selber.

<u>Was sagen deine Minimalisierungs-Gegner bei deinen Reisevorbereitungen?</u>

- „Lieber etwas zu viel dabei, als zu wenig."
- „Man weiß nicht in was für eine Situation man hineingerät."
- „Ich möchte unterwegs immer ordentlich und sauber aussehen."
- „Wenn ich das mitnehme, muss ich es mir unterwegs nicht neu kaufen."

Und hier sind einige Starkmachübungen vor dem Packen für die Reise:

- Übung 1: „Nicht mit mir!"
- Übung 4: „Heute nicht nach Schema F"
- Übung 5: „Scharfe Sinne, blanker Genuss."
- Übung 7: „Lust auf Loslassen."
- Übung 8: „Dein bester Freund, dein Minimalisierungs-Begleiter."

Eine Reise mit dem nötigsten Gepäck auf dem Rücken befriedigt mein Minimalistenherz zutiefst und kann für mich zu einer regelrechten Sucht werden. Unterwegs ist meine Fantasie stets aktiv und sucht noch weitere Vereinfachungen, die ich mir dann notiere, um sie nicht zu vergessen. So entstanden nicht nur diese drei Reise-Packlisten, sondern ebenso wesentliche Ideen und Impulse für weitere Minimalisierungen in meinem Zuhause, die ich dann nach der Reise umsetzen konnte.

Ich liebe das minimalistische Reisen!

24. Weniger ist mehr: Freude an Ökologie und Nachhaltigkeit

„Ändere dich und die Welt wird sich verändern."

Tibetische Weisheit

Mein Vorhaben, jede direkte oder getarnte Manipulation beim Schreiben über das Thema Minimalismus ganz zu verhindern, wird mir bei diesem Kapitel nicht hundert prozentig gelingen. Ich bitte dich, dies zu entschuldigen. Der Grund dafür ist, dass ich ganz aktuell ein Erlebnis hatte, das mich so berührt und erschüttert hat, dass es beim Schreiben in mir noch nachwirkt. Trotzdem möchte ich an dieser Stelle nochmals betonen, dass jede Minimalisierung individuell und frei verlaufen darf. Betrachte die Auswirkungen meiner frischen Erfahrung einfach als einen verlängerten Beitrag meines Gedankenwasserfalls zu diesem Thema, den du wie die anderen Beiträge an deiner eigenen Empfindung und deinen eigenen Impulsen prüfst, orientierst oder weiter verwertest. Ich befinde mich beim Schreiben dieses Kapitels an einem herrlichen Urlaubsort in Asien, den ich vor dreißig Jahren bereits kennen gelernt habe. Einer meiner Söhne ist derzeit einige Monate mit seiner Freundin hier auf Reisen und wir haben uns getroffen, um einen Teil der Zeit miteinander zu verbringen. Die beiden schwärmten mir von einem paradiesischen, einsamen Strand vor, den wir gemeinsam besuchen wollten, um die Ruhe, den weißen Strand und das klare Meer zu genießen. Sie sagten mir, dass sie vor zwei Monaten schon einmal hier waren und den Eindruck der Idylle noch in sich tragen. Leider gab es damals einiges an Müll an dem einsamen Strand, den man nur durch eine lange Anfahrt durch verlassenen, wilden Dschungel erreichen kann. Glücklicherweise erzählten mir die beiden, dass es hier im Land eine Bewegung gegen die Vermüllung der Natur gäbe, die „Trash-Heroes", die Treffen zur Säuberung des Landes organisieren. Ich war begeistert über diese Information, da mir schon seit Jahren auffiel, dass das Müllbewusstsein hier noch weitestgehend unbekannt war und ich fürchtete, dass die Idylle und die Schönheit der Natur durch Arglosigkeit verloren gehen könne.

Gemeinsam fuhren wir zu dem beschriebenen Ort. Was wir dort vorfanden, erschütterte uns so sehr, dass wir sprachlos waren. Der gesamte Strand war eine einzige Müllhalde, die über das Meer angeschwemmt wurde. Müll über Müll. Wir wateten durch Plastik-Abfälle, wie Eimer, Deckel und Plastiknetze bis zum Wasser und blieben wortlos mit den Füßen in den

Wellen stehen. Was von dort alles angeschwemmt wurde, war so unglaublich, das wir über lange Zeit unsere Sprache nicht wieder fanden. Am Rand des Strandes lagen aufgetürmte Müllberge der fleißigen Trash-Heroes, die hier über Stunden Müll gesammelt hatten. Die Ernte der Heroes wirkte so erschütternd wenig im Vergleich zu dem, was neu am Strand ausgebreitet war und was immer neu vom Meer angeschwemmt wurde, dass mir die Tränen in die Augen stiegen. Ich ging den Strand auf und ab und hatte den Wunsch zu Träumen. Wenn ich die Augen schloss, hörte ich die Geräuschkulisse des Paradieses noch, ich spürte die kühle Brise und konnte mir die vergangenen Schönheit des Ortes vorstellen. Sobald ich die Augen aber öffnete, sah ich die Realität. Meine erste Reaktion war die, wie vielleicht die meisten in der Situation reagiert hätten: Ich klagte die Menschen an, die es so weit hatten kommen lassen. Ich verurteilte die Menschen vor Ort, dass ihnen ihre Natur so gleichgültig war und ich beschimpfte in meiner Wut und Ohnmacht die Touristen, die zu diesen Müllbergen beigetragen hatten. Dann blickte ich auf die Bemühungen der Trash-Heroes und dachte, bei aller Ohnmacht, die dieses ungleiche Bild neben dem neu entstanden Müll bot, dass sie in meinen Augen das Richtige machten. Sie schauten nicht auf die anderen und verurteilten sie, sondern sie fragten sich selber, was sie dagegen tun konnten und handelten. Wunderbar, ich spürte Hochachtung für diese Menschen und dankte ihnen für die Korrektur meiner Reaktion auf diesen Schock. Meine Aufgabe war jetzt sicherlich nicht, hier zu bleiben und mir als Lebensaufgabe vorzunehmen, die immer wieder neu entstehenden Müllberge an diesem Strand zu bewältigen.

Ich wusste auch vor dieser einschneidenden Erfahrung, wie schlimm es im Hinblick auf die Vermüllung in der Welt bestellt ist. Aber dieses reale Erlebnis wirkte auf einer wesentlich tieferen Ebene in mir und berührte meinen inneren Impuls. Ich wollte der Bemühung, der Vermüllung entgegenzuwirken, noch mehr Raum in meinem Alltag geben und keine Mühe dabei scheuen. So schrecklich dieses Bild des zerstörten Paradieses für mich war und so tief es mich erschüttert hatte, so sehr sollte es mich ab sofort immer wieder an meinem Wunsch, dem etwas entgegenzuwirken, erinnern. Ab sofort wollte ich mit einem grundlegend veränderten Bewusstsein den Kauf von verpackungsfreien Artikeln fördern und umsetzen. Auch wenn es mühevoll oder teurer ist!

Mein Sohn hatte in seiner Betroffenheit die Idee, einen gewissen Prozentteil der Einnahmen dieses Buches der Organisation: „The Ocean Cleanup" zukommen zu lassen, die sich mit einer phantastischen Idee darum bemühen, Tonnen von Müll aus dem Meer zu fischen. Bei aller Bestürzung über den aktuellen Zustand der Erde und des Weltklimas finde ich es wunderbar zu sehen, wie einzelne Menschen oder kleine Gruppierungen wie „The Ocean Cleanup" mit grandiosen Einfällen gegen diese Zustände angehen und sich nicht entmutigen lassen. An der jungen Schwedin Greta Thunberg, die als Fünfzehnjährige aus eigener Motivation heraus den Impuls zur weltweiten Schülerbewegung „Friday for Future" gesetzt hat, kann man sehen, dass es auch als einzelner nicht umsonst ist, aktiv gegen den Klimawandel und die Erdvermüllung vorzugehen. Greta Thunberg versetzt derzeit Berge und bewegt und berührt Menschen auf der ganzen Welt. Ein wunderbares Beispiel dafür, wie ein eigener Impuls wirken kann, wenn man ihn kennt und man ihm Raum gibt.

Jetzt beende ich meine Ausschweifungen, die meiner Betroffenheit entsprungen sind und fahre mit meinen freien Gedankenwasserfall zu dem Thema fort:

- Es lohnt sich zu überprüfen, ob regelmäßige Fahrtstrecken, die man bisher selbstverständlich mit dem Auto zurückgelegt hat, ab jetzt mit dem Fahrrad oder mit öffentlichen Verkehrsmitteln zurückgelegt werden können.

- Kann ich vielleicht sogar auf das eigene Auto ab sofort ganz verzichten? Oder kann ich mit Freunden ein gemeinsames Auto anschaffen, das wir uns teilen? Das wäre billiger und ökologischer. Ich sehe in der gemeinsamen Anschaffung einiger Geräte, Maschinen und Produkte einen hervorragenden Beitrag zur Nachhaltigkeit und zur Förderung der Ökologie bei gleichzeitigem, eigenem Qualitätsgewinn. Viele der Geräte und Produkte, die wir selber besitzen, gebrauchen wir nur sehr, sehr selten, selbst wenn uns der Gebrauch dieser Gegenstände auch vom minimalistischen Denken her sinnvoll und wichtig erscheint. Bei einer klaren Absprache mit guten Freunden können diese oder sogar bessere Produkte gemeinsam angeschafft werden. Je nachdem, mit wie vielen Menschen wir uns dabei zusammen schließen, können wir unsere Ausgaben drastisch reduzieren bei gleichzeitiger Qualitätssteigerung. Eine absolute Win-Win-Situation.

- Wäre ein Elektrofahrrad als Ersatz für mein Auto möglich?

- Wo kann ich meinen Müll eindämmen?

- Wie kann ich darauf einwirken, dass in Zukunft weniger Plastik gebraucht wird? Zum Beispiel, indem ich im Auto oder in der Satteltasche des Fahrrads immer ein Sortiment aus mehreren Stofftaschen und Papiertüten deponiert habe, damit ich im Fall eines Einkaufs möglichst verpackungsfrei einkaufen kann. Falls ich Käse oder Wurst oder ähnliches kaufen möchte, lohnt es sich, in der „Einkaufsausrüstung" zusätzlich eine verschließbare Metalldose oder eine Plastikdose zu haben.

- Möchte ich verpackungsfreie Läden unterstützen, auch wenn sie derzeit noch teurer sind als konventionelle Geschäfte? Es ist klar, dass die Entscheidung, in diesem Lebensbereich aktiv zu werden, meistens mit höheren Ausgaben verbunden ist. Es mag zunächst einmal grotesk erscheinen, wenn man sich für den Kauf verpackungsfreier Ware entscheidet, dass derzeit der Preis nicht nur höher, sondern oft sogar doppelt so hoch liegen kann. Schließlich kauft man durch den Verzicht von Verpackungen doch weniger Ware, weshalb dann teurer? Jedes Ausbrechen aus einem System ist aufwendig und dadurch fast immer auch teuer. So auch das Umstellen von verpackter Ware auf verpackungsfreie. Derzeit bereichert sich sicherlich kaum ein Verkäufer, der dieses Ziel aufrichtig verfolgt. Ich habe mich dazu entschlossen, bei dieser kostenaufwendigeren Umstellung aktiv mitzuwirken, damit es möglichst bald normal und damit auch kostenneutraler werden kann, ob man verpackte oder unverpackte Waren kauft.

- Kann ich regionale Produzenten (Bauern, Winzer) unterstützen und dadurch lange Transportwege- und kosten reduzieren? Es ist unsinnig, dass ein australischer Wein, der Tausende von Kilometern zurückgelegt hat, günstiger ist, als ein Wein vom Winzer aus dem eigenen Ort.

- Will ich regionale Lebensmittel bevorzugen?

- Es ist wunderbar, dass wir hier jederzeit Bananen kaufen können. Aber die Natur ist eigentlich so intelligent, dass sie dort das wachsen lässt, wo es sinnvoll und gut für die Menschen und die Natur ist. Kohl und Knollengemüse aus unserer Region sind zum Beispiel gut für den hiesigen Winter, lagerungsfähig und bieten uns dadurch alle nötigen Vitamine in der kalten Jahreszeit. Dahingegen können viele vitaminreichen Lebensmittel aus der Ferne ihre Qualitäten für uns gar nicht entfalten, weil sie zur Haltbarmachung des Transportes in ihrer Reifung so beeinflusst wurden, dass die Vitamine darin nicht mehr vorhanden sind. Aber auch hier möchte ich nicht die Haltung vertreten: „zurück in die Steinzeit". Ich möchte nur auf diese Gegebenheiten hinweisen, damit man seinen eigenen, bewussten Umgang damit findet und nicht alles aus Gewohnheit selbstverständlich hinnimmt.

- Mittlerweile können, unter Anleitung von Fachliteratur oder des Internets, unzählige Fertigprodukte aus dem Bereich Küche und dem Bereich Pflege und Hygiene selbst hergestellt werden. Es macht Spaß, sich diese Gebrauchsgegenstände selber herzustellen. Außerdem ist es günstiger und schont die Umwelt. Gerade im Bereich Pflege und Hygiene wurde in der Vergangenheit so viel Umweltschädliches betrieben. Wie viele Sprays, Dosen,

Konservierungsmittel und Plastikverpackungen kommen jeden Tag zum Einsatz und landen dadurch im Müll. Mit dem richtigen Know-how können wir ohne großen Aufwand diese Produkte individuell für uns herstellen. Und das wahrscheinlich in der gleichen Zeit, die wir sonst zum Kaufen benötigt hätten. Wenn wir dabei noch ins Auge fassen, dass die Fahrzeiten zum Geschäft durch immer länger werdende Staus auf der Straße zunehmen, könnten wir durch die Eigenproduktion nicht nur Geld, sondern auch Zeit sparen. Zu diesem Thema gibt es hervorragende Literatur oder Rezepte im Internet. Die eigene Herstellung dieser Artikel ist kein Hexenwerk.

- Beim Rasieren rentiert es sich, vom Elektrorasierer aufgrund der Stromkosten abzukommen und anstelle dessen Trockenrasierer zu verwenden. Bestenfalls sogar die guten alten mit austauschbarer Rasierklinge, um den Plastikverbrauch der Einmalrasierer einzudämmen. Im Hinblick auf Minimalismus lohnt sich der Kauf eines edlen, schönen Trockenrasierers. Sobald er bewusst eingekauft wurde und es kein Einmalartikel ist, steigt sein Wert für uns und wir werden ihn lange und mit Zufriedenheit gebrauchen.

- Selbstversorgung wird derzeit erneut bei vielen Menschen ein aktuelles Bedürfnis. Das Interesse am Anbau von Gemüse, Kräutern und Obst wächst. Auch die Tatsache, dass diese Tätigkeit zeitaufwendig ist und einen Großteil unserer Freizeit einnimmt, hemmt diesen Boom nicht. Die Lust am Gärtnern und an der Selbstproduktion unserer Nahrungsmittel ist derzeit groß. Vielleicht ist dies ein Resultat daraus, dass wir durch unser Bewusstsein begonnen haben, uns von den Einflüssen der Werbung etwas frei zu schaufeln. Das würde die Herzen aller Minimalisten höher schlagen lassen.

- Die Notwendigkeit, in den Bereichen Ökologie und Nachhaltigkeit grundsätzliche Änderungen herbeizuführen, ist meiner Meinung nach eine der bedeutendsten für Minimalisten. Minimalisten können durch ihr Bewusstsein und durch ihre aktive

Lebensgestaltung einen Großteil zur Verbesserung und Erhaltung unserer schönen Erde beitragen, ohne mit dem Finger nur auf andere zu zeigen.

Klassische Angreifer im Bereich der Ökologie und Nachhaltigkeit sind:

- *„Das hat doch sowieso alles keinen Zweck. Das ist doch nur ein Tropfen auf den heißen Stein."*
- *„Wenn ich das alleine ändere bringt das doch gar nichts."*
- *„Ich trage für das Dilemma keine Verantwortung. Daran sind die Politiker und die Wirtschaft schuld. Das ist nicht meine Sache, etwas daran zu verändern."*
- *„Nach mir die Sintflut."*

Übungen, die dich gegen diese Angreifer stark machen können:

- Übung 1: „Nicht mit mir."
- Übung 2: „Ich kann nicht klagen."
- Übung 4: „Heute nicht nach Schema F."
- Übung 5: „Scharfe Sinne, blanker Genuss."
- Übung 6: „Stopp! Grenze suchen, Grenze setzen."
- Übung 8: „Dein bester Freund, dein Minimalisierungs-Begleiter."

Ökologie und Nachhaltigkeit sind sicherlich längst keine Themen mehr, die nur Minimalisten ansprechen. Mittlerweile wird die Notwendigkeit in diesem Lebensbereich selber aktiv zu werden, nicht nur von einer bestimmten Gruppierung von Ökos gesehen, sondern ist heute fast jedem bewusst. Wo der eigene Impuls liegt, sich für die Erhaltung unserer wunderschönen Welt selber aktiv einzusetzen, liegt wieder bei jedem selbst. Ich kann nur aus eigener Erfahrung sagen, dass ein eigenes Aktivwerden in diesem Bereich oft aus der aktuellen Not der Erde entspringt, aber es kann sich in Freude und Lust am Handeln entwickeln. Es lohnt sich, für die Schönheit der Erde zu kämpfen. Für uns selber und für unsere künftigen Generationen.

25. Einziger Lebenssinn oder Wertmüll: Minimalismus des Elektrokrames

„Unser Leben ist viel schwerer als das unserer Vorfahren, weil wir uns so viele Dinge anschaffen müssen, die uns das Leben erleichtern."

Gabriel Laub

Das Thema Elektrokram, Computer und Digitalisierung ist ein sehr zweischneidiges unter den Minimalisten. Denn tatsächlich geht die Spanne hier extrem weit auseinander. Man findet diesbezüglich gleichermaßen starke Befürworter, welche die digitale Welt in ihrem minimalistischen Sinne einsetzen und die in den Möglichkeiten des Computers, des Internets und der Digitalisierung hervorragende Optionen sehen, die eigene Minimalisierung voran zu treiben und zu perfektionieren.

Andererseits gibt es starke Gegner unter ihnen, welche eine konkrete Gefahr in der gesamten digitalen Welt erleben.

Sie sehen in diesen modernen Medien eine Plattform dafür, sich selber mit seinen eigenen Impulsen völlig zu verlieren und aufzugeben.

Beide Seiten haben ihre Berechtigung, beide haben ihre Argumente. Auch bei diesem Thema geht es nicht darum, jemanden in eine bestimmte Richtung drängen zu wollen. Wer entscheidet wer Recht hat und wer nicht?

Wenn man heutzutage in einer Großstadt irgendwo in der Welt mit öffentlichen Verkehrsmitteln fährt, nimmt man wahr, dass von 10 Reisenden 8 gerade in ihr Handy vertieft sind und ihre Außenwelt und ihre Mitmenschen vermutlich kaum noch wahrnehmen. Als ich kürzlich mit einer U-Bahn in Bangkok unterwegs war und ich dieses Bild sah, dachte ich, dass man heute keine Atombombe mehr braucht, wenn man die Menschheit beherrschen will. Es reicht, das Internet geschickt bedienen zu können, um die Menschen dahin zu lenken, wohin man sie haben will.

Die Kunst ist vermutlich, diese Medien im eigenen Sinne zu nutzen und sich nicht von ihnen benutzen zu lassen. Die digitale Welt lädt erst einmal dazu ein, das eigene Bewusstsein gehen zu lassen und sich im Fluss des Internets aufzulösen.

Das heißt, es braucht starke Bewusstseinskräfte, wenn man mit diesen Medien umgeht: dann ist man vor deren schädlichen Auswirkungen besser geschützt. Die Kräfte, die einen vom Ich wegziehen wollen, sind in der digitalen Welt stark ausgeprägt. Aber die Möglichkeiten, welche die digitale Welt bietet, sind durchaus reizvoll für eine Minimalisierung des eigenen

Lebens. Letzten Endes kommen wir um eine Konfrontation mit dem sinnvollen Nutzen der neuen Medien gar nicht drum herum. Es sei denn, wir ziehen uns wie am Anfang des Buches beschrieben, mit einer selbst gezimmerten Holzkiste, gefüllt mit unserem Hab und Gut in die Einöde fern der restlichen Welt zurück.

In naher Zukunft wird man ohne die modernen, digitalen Medien noch nicht einmal eine Fahrkarte für den öffentlichen Verkehr kaufen können. Ein konsequenter Rückzug von der digitalen Welt bewirkt eine Abhängigkeit von anderen, welche die digitale Welt nutzen, ob wir das wollen oder nicht.

Ich habe das Thema für mich selber so entschieden, dass ich wach und aufmerksam mit allen meinen Sinnen an die Themen Computer und Internet heran gehe und ich mich darin so gut auskenne, dass ich unabhängig und frei von anderen bleibe. Wie tief ich mich dann darauf einlasse, bleibt meine persönliche Freiheit. Und ich schärfe auch hier mein Bewusstsein für mögliche innere und äußere Feinde und Angreifer, welche die Absicht haben, mich mit mir uneins zu machen. Ich kenne sie und ich weiß, was ich gegen sie unternehmen kann.

Ich öffne jetzt meine Schleusen, für meinen Gedankenwasserfall zu dem Thema. Dabei lehne ich mich wieder an das dir schon bekannte AMUSTO-Schema.

Anschaffung:

- Beim Kauf von neuen technischen Geräten halte ich es oft für sinnvoll, eine Garantieverlängerung dazu zu kaufen, da sehr viele Geräte wie durch Zauberei tatsächlich exakt nach Ablauf der Garantie kaputt gehen.

Material:

- Als Plastikgegner versuche ich auch in diesem Bereich so weit als möglich darauf zu achten, dass die Geräte, die ich mir kaufe, aus Metall oder aus Aluminium bestehen.

Umwelt:

- Bevor ich mir ein neues Gerät kaufe, setze ich mich sehr lange damit auseinander, welches Gerät unter den vielen genau MEINS ist und möglichst viele Aspekte meiner Ansprüche abdeckt. Es kommt schon einmal vor, dass ich mich bereits fest für einen Kauf entschieden habe und mir dann ein Gegenargument über den Weg läuft und ich mit meiner Suche wieder ganz von vorne beginne. Das klingt umständlich und lästig, aber wenn ich mich dann einmal für ein Gerät entschieden habe, verbinde ich mich auch sehr mit diesem Entschluss. Das führt dazu, dass ich das Gerät über einen langen Zeitraum als GENAU RICHTIG FÜR MICH empfinde. Diese Zufriedenheit schützt mich vor den Fallen der Werbung, die mir klar machen wollen, dass ich jetzt dringend ein neues Gerät mit den allerneusten Möglichkeiten brauche.

- Bei der Auswahl ist für mich ein wichtiger Gesichtspunkt, ob ich Batterien dafür benötige oder ob das Gerät über einen Akku verfügt. Natürlich ist beides irgendwann einmal Sondermüll, aber der Akku wird dies deutlich später als die Einmalbatterie.

- Auch in der Elektrowelt gibt es wache Produzenten, die auf Nachhaltig der Geräte wert legen.

- Sollte ein Gerät tatsächlich einmal unbrauchbar für mich werden, achte ich streng darauf, die Entsorgung im ökologischen Sinne durchzuführen. Viele Stoffe in einem Handy oder anderen Elektrogeräten sind Wertstoffe, die nochmals gebraucht werden können.

- Auch bei einigen Elektrogeräten lohnt die Überlegung, Gemeinschaftskäufe mit Freunden anzugehen. Ein Hochdruckreiniger zum Beispiel lebt oft sehr lange, wird aber nur selten im Alltag benutzt. Weshalb soll er die ganze Zeit unbenutzt herum stehen? Eine gute Absprache mit Freunden und Bekannten schenkt jedem der Beteiligten einen Gewinn.

Sinne:

- Die digitale Welt ist ein regelrechter Sinn-Sauger. Damit meine ich, dass sie in der Lage ist, die gesamte menschliche Aufmerksamkeit in kürzester Zeit auf sich zu ziehen und dadurch unsere Sinne für die restliche Welt zu betäuben. Hast du schon einmal mitbekommen, wie ins Spiel vertiefte Kinder ihr Spiel augenblicklich fallen lassen, wenn man im gleichen Raum einen Fernseher einschaltet? Wie magisch angezogen stieren sie in den Bildschirm und vergessen alles, was sie zuvor getan haben. So geht es den erwachsenen Menschen in der Regel auch. Es braucht einer bewussten Anstrengung, sich vom Magnetismus der digitalen Welt aus eigener Kraft abzuwenden. Ohne eine aktive Gegenentscheidung hält sie uns gefangen. Und auch wenn die digitalen Geräte nicht angeschaltet sind, saugen sie an unserer Aufmerksamkeit und an unseren Sinnen. Wie schnell sehen wir uns genötigt, das Handy wieder einzuschalten, wenn wir es eine Weile umständehalber ausschalten mussten. Beispielsweise wenn wir im Kino waren oder wenn wir mit dem Flugzeug verreisen. Achte einmal bewusst darauf, wie viele Menschen reflexartig ihr Handy zücken, wenn der Filmabspann im Kino läuft oder wenn der Flieger sicher auf dem Rollfeld aufgesetzt hat. Ich vermute, dass es mehr als 50 Prozent der Menschen sind, die diesem Reflex folgen. Wäre es nicht reizvoll hin und wieder ganz bewusstes Handy-Fasten einzulegen, Zeiten, in denen es nicht nur ausgeschaltet ist, sondern auch zuhause bleibt, wenn wir unterwegs sind? Alleine um die Erfahrung zu machen, wie nah die digitale Welt unserem Alltag ist, lohnt das Experiment. Danach kannst du dich entscheiden, ob du dein Digital-Bewusstsein im Alltag ein wenig weiter zurückschraubst. Welche Auswirkungen der „Sinnsauger" für unser Bewusstsein in Zukunft mit sich bringen wird, wird sich erst in der Zukunft zeigen.

Tierfreundlich:

- Tiere reagieren oft erheblich empfindlicher auf hohe Tonfrequenzen und auf Strahlungen als Menschen. Dies sollte man sich bei dauerhaften Benutzung einiger Geräte vor Augen halten. Es kann sein, dass ein Tier unter einem hochfrequenten Geräusch geradezu gequält ist, während wir diesen Ton gar nicht wahr nehmen. Ob der Ton oder die Frequenz in unserem Organismus etwas bewirkt, auch wenn wir ihn oder sie nicht hören, bleibt unklar. In jedem Fall lohnt es sich im minimalistischen Sinne für die Tiere und für die Gesundheit unseres Organismus, Geräte so oft als möglich auszuschalten und auch einen Standby-Modus nicht dauerhaft in Betrieb zu halten. Auch dieser verbraucht Energie, die erzeugt und bezahlt werden will. Ein einfacher Kippschalter an Geräten hilft, dem Gerät den Strom ganz abzuschalten.

Ordnung:

- Ein gut aufgeräumter Schreibtisch lädt zum Arbeiten, Kreativ-Sein und zum Schaffen ein. Ein voller Schreibtisch verleitet zur Flucht. So ist es nicht nur auf dem Schreibtisch im Arbeitszimmer oder Büro, sondern auch auf dem digitalen Schreibtisch, dem Desktop. Neben der reinen Zeitersparnis, die wir immer wieder durch Ordnung finden, wirkt ein leerer Desktop einladend auf meine Schaffenskräfte. Hinter dem leeren Schreibtisch findet sich eine pedantisch angelegte übersichtliche Struktur aller gesammelten

Dateien. So finde ich ohne zu überlegen jedes Dokument augenblicklich.

- Ebenso verhält es sich mit dem Email-Postfach. Ein überladenes Postfach animiert, den Rechner auszuschalten, während eine Aufteilung in eindeutige Kategorien und eine rasche Zuordnung der Emails in dieser Ordnung mich aufatmen lässt. Es braucht täglich nur wenig Zeit, die ankommenden Emails in Junk/ Müll und in wertvolle einzuteilen. Die wertvollen Mails werden in Windeseile mit einem Klick in die jeweilige Kategorie gezogen, wo sie geduldig auf die weitere Bearbeitung warten, sobald sie an der Reihe sind. Dahingegen schenkt uns ein übervolles Postfach ein permanentes Überforderungsgefühl. Eine einmal wohl durchdacht angelegte Struktur aller Dateien und Mails erleichtert das Leben dauerhaft.

- Es lohnt sich, regelmäßige Zeitfenster fest zu legen, in denen man gar nicht in den Posteingang schaut, um die Unabhängigkeit gegenüber der digitalen Welt zu schulen und zu praktizieren.

- Andererseits ist es hilfreich, Zeiten festzulegen, in denen man sich Raum für E-Mails nimmt, deren Beantwortung etwas länger brauchen. Sobald diese aufwendigeren Mails längere Zeit liegen bleiben, belasten sie unser Unterbewusstsein und vermitteln uns das Gefühl, noch etwas tun zu müssen. Ein Gefühl, das Minimalisten verabscheuen und ablehnen.

- Befreie dich von überflüssig gewordenen Newslettern. Waren sie zu einer früheren Zeit vielleicht einmal hilfreich für dich, belasten sie dein Bewusstsein, wenn du sie nicht mehr brauchst. Weg damit!

- Bei wichtigen Dokumenten gehen die Ansichten der Minimalisten wieder konträr auseinander. Die einen verwalten diese in klar angelegten und gut beschrifteten Aktenordner, die einmal jährlich auf Aktualität überprüft und dann aussortiert werden, die anderen verzichten ganz auf die Dokumente in Papierform und fotografieren oder scannen diese ein. Es gibt heute sehr gute Hilfen, diese Dokumente digital zu sortieren, wie beispielsweise die App: „Evernote". Sie hilft bei der Digitalisierung, der Einsortierung und dem Auffinden des Dokumentes, während das gesamte Papier aus dem Haus verschwindet. Die digitalisierten Dokumente können zusätzlich in einer Cloud abgespeichert werden, was ein Bearbeiten von unterschiedlichen Computern ermöglicht. Das bedeutet, dass es noch nicht einmal eine Festplatte zur Aufbewahrung braucht. Großes Manko dabei: die Abhängigkeit vom Internetzugang. Ohne diesen hilft dir alle zuvor angelegte Struktur und Ordnung nicht, da du dann nicht mehr an deine Dokumente heran kommst.

- Ich finde, beides hat seine Vor- und Nachteile und bietet dem aktiven Minimalisten Möglichkeiten. Finde deine eigene Form bei der Vielfalt der Möglichkeiten und dann setze sie konsequent um.

- Meine Geräte und meine Kabel haben einen ganz festen Platz in meinem Haushalt, auf dem sie geduldig auf ihren Einsatz warten. Das erspart so viel Such-Zeit und Ärger, wenn man immer weiß, wo die Sachen zu finden sind.

- Nach einer Weile lohnt die kritische Frage an sich selber, ob man alle Geräte immer noch in Gebrauch hat. Manchmal hat man einen CD-Spieler und 200 CD's, hört aber ausschließlich noch Musik über das Internet. In dem Fall kann es zur Freude für sich selber und für andere werden, sich von seinen überflüssigen Sachen zu lösen und sie zu verschenken oder zu verkaufen.

- Die gleiche Frage nach dem Fernseher. Nutze ich ihn tatsächlich noch, oder habe ich ihn nur, weil man einen Fernseher hat? Manche Leute sehen Dokumentationen, Serien und Filme ausschließlich noch aus dem Internet. In diesem Fall: weg mit dem Überflüssigen. Schenk dir einen „kräftigen Schub AMUSTO" durch das Weggeben.

- Ich überprüfe regelmäßig auch alle meine kleinen Gerätschaften, wie USB-Sticks, externe Festplatten und doppelte oder überflüssig gewordene Kabel. Weg mit allem Zuviel!

- Die dauerhafte Handy-Datenverbindung zum Internet und die permanente W-LAN-Verbindung schalte ich nur noch zu drei festen Zeiten am Tag für die Dauer einer halben Stunde an, um von der pausenlosen Erreichbarkeit und der Abhängigkeit des Handys weg zu kommen. Ich entscheide, wann ich erreichbar sein möchte, nicht mein Handy.

- Die Verbindung Digital und Fotografie ist eine ganz besondere. Auch sie birgt beide Seiten in sich: die Möglichkeit der Minimalisierung und der Vertiefung und die des grenzenlosen Überflusses und der Oberflächlichkeit. Es liegt an unserem Bewusstsein, ob wir uns in die eine oder in die andere Richtung bewegen. Man muss heute keine Filme mehr kaufen oder eine teure Entwicklung der Negative und der Positive bezahlen. Heute läuft alles auf dem Bildschirm. Das beginnt auf dem Display der Kamera oder des Handys und es geht weiter auf dem Tablet oder auf dem Computerbildschirm. Und die Möglichkeiten der Manipulation und der Verbesserung sind überall gegeben. Auf der Kamera, auf dem Handy, auf dem Tablet und auf dem Computer. Mittlerweile gibt es Festplatten oder Clouds mit riesigen Kapazitäten, so dass die hohe Bild-Qualität kein Speicherproblem mehr darstellt. Wir können wild drauf los fotografieren oder filmen. Bei den unzähligen Bildern wird schon eines oder mehrere schöne dabei sein. Die Quantität verdrängt die Qualität und die technischen Möglichkeiten die Künste des Fotografierens. Technisch gesehen ist es zutiefst beeindruckend, was mittlerweile möglich ist. Hat man vor zwanzig Jahren einen James Bond-Film gesehen, auf dem der Hauptdarsteller oder der Schurke in der Lage waren, mit einem Stift ein geheimes Dokument zu fotografieren, war man beeindruckt davon und konnte sich nicht vorstellen, dass eines Tages nicht nur Geheimagenten in der Lage sein könnten, dieses Meisterstück zu vollbringen, sondern jedes fünfjährige Kind. Und nicht nur zu fotografieren, sondern zu filmen oder dies live zu übertragen. Dies war vor einigen Jahren noch ein undenkbares Kunststück. Heute lächelt man müde darüber und setzt diese Kunst täglich ein. Bilder und Filme werden verschickt oder live übertragen. So faszinierend dies ist, sehe ich die Gefahr, sich darin zu verlieren. Was wollen wir mit den Hunderten und Tausenden Bildern und Kurzfilmen auf unseren Rechnern? Wen interessieren sie? Ein gestaltetes oder gut fotografiertes Foto kann echte Kunst sein, die unsere Seele berührt. Aber was macht eine Bilderflut mit unserem Gefühl? Zeige deinen Freunden oder deiner Familie deine neusten ungefilterten Urlaubsfotos, dann verlierst du spätestens nach dem zweihundertsten Bild jedes Interesse deiner Betrachter und sie werden gelangweilt auf das Ende warten. Das kann doch nicht der Sinn einer Bilderpräsentation sein. Wie tief können wir andererseits durch die Darstellung einer begrenzte Anzahl guter Bilder gepaart mit einem interessanten Vortrag sein. Dieser kann manchmal jahrelang in uns nachwirken, weil er uns so tief beeindruckt hat. Im Sinne des Minimalisierens halte ich es als begeisterter Fotograf auf meinen Reisen selber so, dass ich meine Fotos radikal ausmiste. Und das nicht nur für die Präsentation, sondern auch auf meinem Rechner. Aussortierte Bilder habe ich mir wirklich niemals mehr angesehen. Sie liegen ohne jegliches Interesse auf meiner Festplatte und warten auf...., ja auf was warten sie? Dass ich sie mir irgendwann noch einmal ansehe und dann zu dem Schluss komme, dass sie vollkommen wertlos für mich sind. Und ich sie dann lösche. Weshalb dann nicht schon vorher? Warum müssen sie meinen Rechner so lange füllen? Ein gut ausgewähltes, bearbeitetes und wohl sortiertes Bild ist eine echte Bereicherung, während ein Berg von gesammelten Fotos und Filmen schlichtweg wertloser Datenmüll ist.

- Ein Ablagefach für nicht erledigte Aufgaben und Projekte und ToDo-Listen ist hilfreich, solange man es regelmäßig bearbeitet und sich

Zeit dafür nimmt, es vollständig zu leeren und zu bearbeiten. Geschieht das nicht, lähmt es unser Bewusstsein und unsere Offenheit für Neues.

- Du siehst, die Möglichkeiten mit Dokumenten, digitalen Informationen und technischen Geräten umzugehen, sind unglaublich vielfältig und teilweise widersprüchlich. Finde deine ganz eigene Form in diesem Labyrinth. Und dann setze diese konsequent um.

Achte vorher auf die Feinde, die dich dabei erwarten: Einige davon könnten dir sagen:

- *„Man muss dran bleiben, um nicht abgehängt zu werden."*
- *„Moderne Zeiten erfordern moderne Technik."*
- *„Ich spare durch die Medien so viel Zeit."*
- *„Bloß keine Veränderung, es lief doch bisher gut."*
- *„Morgen ist auch noch ein Tag."*
- *„Das schaffe ich nicht."*

Und diese Übungen könnten dir bei deiner Veränderung helfen:

- Übung 1: „Nicht mit mir."
- Übung 4: „Heute nicht nach Schema F."
- Übung 5: „Scharfe Sinne, blanker Genuss."
- Übung 6: „Stopp! Grenze suchen, Grenze setzen."
- Übung 7: „Lust auf Loslassen."
- Übung 8: „Dein bester Freund, dein Minimalisierungs-Begleiter."

Eigene Achtsamkeit und Wachheit sind bei den Themen Elektro- und Digitalwelt ganz besonders gefragt. Deshalb schule diese beiden Fähigkeiten täglich, damit du nicht Opfer, sondern Gestalter deines eigenen Lebens bleibst. Mit ihnen im Gepäck muss dir die moderne Welt keine Angst machen, sondern du kannst sie in deinem Sinne nutzen.

26. „Ich freue mich auf morgen.“ Minimalisieren als zukünftige Alters-Lebensqualität

„Es zählt nicht, wie alt du bist, sondern wie du alt bist.“

Chinesische Weisheit

Alter ist heute relativ. Ist man alt oder jung? Fühlt man sich alt oder jung? Sicher, zu jeder Zeit haben sich die Menschen meistens jünger gefühlt, als es ihrem Alter entsprach. Wenn ich 80-jährige Menschen in meiner Praxis frage, wie alt sie sich fühlen, dann kann es schon einmal passieren, dass sie antworten: „Wie 60!" Dieses Phänomen, sich jünger zu fühlen, ist nicht neu. Aber heute entsteht durch verschiedene Faktoren tatsächlich eine Kluft, die es früher nicht gegeben hat. Ältere Menschen orientieren sich heute oft nicht mehr daran, was gesellschaftlich ihrem Alter eigentlich entspräche. Sie kaufen sich mit 70 ein Rennfahrrad und eine dazu passende enge Profi-Radlerkleidung und ab geht es auf die Rennstrecke. Sie machen Reisen und Unternehmungen in einem Alter, in dem man früher nur noch am warmen Herd zuhause gesessen hat.

Das ist sicherlich eine deutliche Steigerung der Lebensqualität.

Leider erlebt das Alter heute aber trotzdem eine ausgeprägte Schattenseite: das „Nicht-mehr-gebraucht-Werden".

Jedes Alter, jede Lebensphase hat seine ganz eigene Qualität.

Die Kindheit die absolute Vitalität und die Freude am unermüdlichen Lernen und Wachsen, das junge Erwachsenenalter den Höhepunkt der eigenen Lebens- und Schaffenskräfte, der ältere Erwachsene die beginnende Ruhe und Ausgeglichenheit und das gehobene Alter eigentlich die Weisheit und die reiche Erfahrungswelt.

Aber wie sieht das in der modernen Zeit aus, mit der Qualität des Alters, wie steht es um die Weisheit und die Lebenserfahrung der reifen Menschen? Fragen heute die Jüngeren die Älteren noch um Rat? Gewiss nicht oft, im Gegenteil, bei jeder im Alltag entstehenden Frage wird sofort und überall „Gegoogelt". Das Internet weiß einfach alles, immer und überall. Es lässt keine Fragen offen, egal, wie außergewöhnlich diese auch sein sollten. Und jeder Sechsjährige kann heute dem Opa erklären, wie es sich zum Beispiel mit dem Brutverhalten des Auerhuhns am sibirischen Baikalsee verhält. Dafür braucht es keinen erfahrenen Weltenbummler mehr, der es selber mit eigenen Augen gesehen hat. Verdrehte Welt! Und das Tragische daran ist, dass das Alter dadurch an Bedeutung weitestgehend verloren hat. Man ist als alter Mensch trotz aller Erfahrungsschätze nahezu überflüssig in der modernen Welt geworden und hat seinen regulären Platz im Leben und seine Aufgabe in der Gesellschaft verloren.

Vergleichen wir das moderne Internetwissen mit den selbst erlebten Erfahrungen, passt meiner Meinung nach folgendes Bild:

Möchtest du eine seltene Blume kennen lernen, kannst du ihren Namen im Internet eingeben und du erhältst wunderbare hochaufgelöste Fotos davon. Fragst du aber einen Gärtner, der diese Blumen über Jahre züchtet, wird er dir ganze Geschichten über den gesamten Werdegang, das Aufkeimen, die ersten zarten Knospen, die Zartheit der jungen Blüten, ihren Geruch oder gar Geschmack berichten können. In seiner Darstellung wird so viel an Erfahrung, eigener Berührung oder an Liebe leben. Diese Informationen werden eine andere Wirkung in dir hinterlassen als die des Internets. Aber dieses Wissen wird immer weniger genutzt.

Immer mehr alte Menschen verbringen ihren Lebensabend in Altenheimen. Dort wird das Thema „Versorgen" groß geschrieben. Die Altenheime haben sich darauf spezialisiert, Menschen so gut wie möglich zu versorgen, ihnen alles abzunehmen, es ihnen leicht zu machen. Da die meisten von ihnen ihr ganzes Leben lang hart gearbeitet haben, steht ihnen jetzt im Alter das Recht auf volle Versorgung zu. Altenbetreuung ist die perfekte Form der Allround-Versorgung geworden. Was dabei vergessen wird ist, dass der Verlust einer sozialen Aufgabe in der Gesellschaft zu einem Identitätsverlust und somit zu einer tiefen Depression führen kann. Es beginnt eine große leere Zeit ohne Ziel am Ende. Die Tage werden einheitlicher, es ist egal, ob heute ein Wochentag oder ein Sonn- oder Feiertag ist. Der alte Mensch wird immer gleich versorgt, ein Tag ist wie der andere.

Ich war im Rahmen einer Therapietagung einmal in einem Altenheim, das jedem Bewohnern die Möglichkeit bot, einen eigenen kleinen Garten zu bewirtschaften. Darüber hinaus gab es ein Künstleratelier im Keller, das auch nachts um drei Uhr noch bei Schlafstörungen und gleichzeitigem künstlerischem Schaffensdrang aufgesucht werden konnte. Der Raum war so schalldicht gesichert, dass sich niemand im Haus gestört fühlen musste. Jeden Abend gab es kulturelle Veranstaltungen auf sehr hohem Niveau. Es gab klassische musikalische Darbietungen und hoch geistige Vorträge. Der Geist der Bewohner wurde intensiv angesprochen und gefordert. Es war Raum für das, was man in arbeitsreichen Zeiten so gerne ausführlich getan hätte, wenn die Zeit dazu da gewesen wäre. Als ich mich in die Bewohner des Hauses eingefühlt hatte, konnte ich mir gut vorstellen, mich auf den nächsten Tag zu freuen.

Die zunehmende Pflegebedürftigkeit spricht sehr gegen solch eine Form der Gestaltung des Lebensabends. Vielleicht wäre die starke Zunahme der Pflegebedürftigkeit sogar geringer, wenn das Alter eine glücklichere Form fände? Vielleicht ist ein Teil des raschen Alterszerfalles eine konsequente Antwort auf die Sinnlosigkeit des Weiterlebens, wenn das Altern weiterhin seiner Qualität beraubt wird oder es keine neue erhält? Dies ist nur eine Überlegung von mir und meines Wissens nicht durch Studien belegt. Aber Tatsache ist, dass alte Menschen heute mehr und mehr unglücklich und depressiv sind.

Vor uns liegt die dringende Aufgabe, dem Alter in der heutigen Zeit eine neue Qualität zukommen zu lassen, denn die alte scheint verloren gegangen zu sein. Die Fähigkeit des Minimierens könnte dabei eine ganz entscheidende Rolle spielen.

Minimalismus könnte sogar der Träger der zukünftigen Qualität des Alters werden.

Und dann müsste das Alter nicht mehr als leidvolle Bürde erlebt werden, sondern wäre wieder ein ebenso anstrebenswertes Ziel, wie jedes andere Lebensalter auch.

Es geht nicht darum, das eigene Alter zu verdrängen und zu ignorieren, sondern dieser neuen Altersqualität mutig und freudig entgegenzugehen, ohne dabei ein künstliches und verzerrendes „Anti-Aging" anzustreben.

Das konsequente Minimieren des Lebens könnte neue Freude, neues Glück und eine neue Aufgabe ins Alter bringen.

Vor Jahren hatte ich ein Erlebnis, das mich tief bewegte und sich eindrucksvoll in meiner Seele eingeprägt hat. Ich reiste mit einem meiner Söhne durch den Süden Indiens und wir wurden von einem sogenannten „Schlepper", einem alten indischen Herrn mit weißen Haaren und weißem Bart angesprochen. Schlepper sind Menschen, welche dort die Aufgabe haben, Gäste zum Beispiel in Restaurants zu locken. Keine sehr angenehme Aufgabe, da diesen Menschen häufig mit Missachtung und Genervtheit begegnet wird. Dieser Herr, den wir zukünftig nur noch liebevoll „Opi" nannten, strahlte uns über das ganze Gesicht freudig an. Klar, er wollte uns ja in das Restaurant locken. Das funktioniert am effektivsten durch ein lachendes Gesicht. Wir folgten seiner Einladung. Da das Essen in dem Restaurant sehr lecker war, kehrten wir am folgenden Tag erneut in diesem Restaurant ein und wieder strahlte uns die Sonne im Gesicht des „Opis" in voller Kraft entgegen. Und das, obwohl er zum Erreichen seines Zieles, uns herein zu locken, ja gar nichts mehr unternehmen musste. Sein Lachen leuchtete unseren ganzen Besuch über. Am nächsten Tag saßen wir wieder bei ihm, schon in Vorfreude auf seine wunderbare Ausstrahlung und das gute Essen. Ich kam nicht umhin, den „Opi" darauf anzusprechen, wie sehr mich sein Ausdruck berührte und wie schön ich sein Lachen fände. Er gab mir daraufhin eine Antwort, die ich nie vergaß und nie vergessen werde und ich habe heute noch eine Gänsehaut, wenn ich daran denke.

„Ich hatte wunderbare Eltern," erzählte unser Opi auf meine Worte ganz offen, *„leider habe ich sie früh verloren, sie sind schon vor langer Zeit verstorben. Ich hatte eine gute Arbeit und eine liebe Frau. Gemeinsam hatten wir zwei Kinder, die wir sehr liebten. Meine Frau ist auch viel zu früh gestorben,"* fuhr er fort, *„und ich verlor unerwartet meine Arbeit. Dann verlor ich als Folge meiner Arbeitslosigkeit mein Haus. Meine Kinder haben sich von mir abgewandt, weil sie sich für mich schämen. Sie sehen mich heute nicht mehr an. Jetzt arbeite ich für dieses Restaurant und schlafe nachts unter dem Tisch, an dem ihr gerade esst. Mein Schicksal hat mir alles im Leben genommen, das ich aus tiefstem Herzen geliebt habe. Ich habe alles verloren! Aber zwei Dinge kann es mir nicht nehmen,"* endete der Mann schließlich und seine Augen funkelten dabei freudig, *„meine*

Lebensfreude und mein Lachen nimmt mir keiner. Und damit kann ich sogar noch andere beschenken."

Eine großartigere Art, das Alter mit Minimalismus zu leben, habe ich niemals erfahren. Sein Weg zur Minimalisierung des Lebens war nicht freiwillig. Den hat sein Schicksal ihm aufgezwungen. Umso beachtlicher, dass er sich und seine Werte dabei nicht verloren hat. Ich bin dem Opi unendlich dankbar für das große, wertvolle Geschenk seines Strahlens.

Für eine künftige Art des minimalistischen Alters benötigen wir neue soziale Lebensformen, die, ähnlich dem Altenheim, das ich damals bei dem Kongress kennengelernt habe, Raum und einen Ort dafür anbieten könnten.

Meinen folgenden Gedankenwasserfall zu dem Thema Minimieren des Alters habe ich in eine etwas andere Form, wie bei den vorherigen Kapiteln gesetzt. Ich lasse dich an einem Traum teilhaben, den ich diesbezüglich träume. Dabei weiß ich nicht, ob ein solches Projekt, wie in meinem Traum heute schon realisiert und umgesetzt wird. Das, was ich berichte, entspringt bisher nur meiner Träumerei, meiner Sehnsucht nach einer neuen Form des Lebens im Alter. Da der Besuch in dem zuvor genannten Altenheim mich tief beeindruckt hat, fließt von diesen Ideen einiges in meinen Traum ein. Aber in meiner Vorstellung existiert diese neue Lebensgemeinschaft nicht in Anlehnung an eine soziale Einrichtung, sondern sie verfolgt die Ziele der größtmöglichen Selbsthilfe in einer Gemeinschaft Gleichgesinnter.

Wenn ich mit meinen Patienten in der Praxis an Strukturen für künftige Lebensveränderungen arbeite, nutze ich oft die Technik der Imagination. Dabei steigen wir gemeinsam in eine Traumwelt ein. Wir lassen die Fantasie frei fließen, um alle Gestaltungs- und Veränderungskräfte frei und ungefiltert aus der Tiefe der Seele hoch steigen zu lassen. In dieser Fantasiewelt gibt es zunächst einmal keinerlei Einschränkungen. Alles ist möglich, alles erlaubt. Diese Ebene bietet eine Brücke zwischen dem Unterbewusstsein und dem Bewusstsein. Im therapeutischen Rahmen ist das hilfreich, um Konflikte aufzudecken und bearbeiten zu können. Hier, in unserem Fall, ermöglicht es zunächst einmal, die scharfe Trennung zwischen Realität und Wunsch aufzuheben. Die frei gelassene Fantasie kann sich ungebremst entfalten. Danach werden diese freien Ideen an der Wirklichkeit geschliffen.

So können neue Möglichkeiten entstehen. Und vermutlich ging jeder großen Lebensveränderung im Vorfeld ein Traum eines oder mehrerer Menschen voraus.

Tauchen wir also zunächst gemeinsam in meinen Traum einer neuen Alterslebensform ein. Vielleicht trifft die eine oder die andere Idee von mir auf eigene Impulse von dir. Vielleicht entwickeln sich deine neuen Impulse weiter und wachsen so deiner Realität entgegen.

Bei der Kunst des Loslassens haben die alten Menschen den jüngeren Menschen gegenüber einen Vorsprung, weil das letzte große Loslassen, das Sterben, ihnen einfach rein zeitlich gesehen näher liegt und sie sich unbewusst oder bewusst darauf schon einstellen. Das klingt vielleicht erst einmal negativ, pessimistisch oder resignativ. Aber so meine ich es nicht.

Wie gesagt, bin ich der festen Überzeugung, das JEDES Alter seine ganz besondere Qualität hat, die von dem einzelnen gut und glücklich gegriffen werden kann. Durch die Kunst des Minimalisierens könnte die Qualität des Alters seinen verloren gegangenen Sinn zurück erhalten. So können Fortschritt und Loslassen wieder nebeneinander stehen bleiben, ohne sich gegenseitig zu verdrängen. Und das Sterben kann so vielleicht ein ganzes Stück seines Schreckens verlieren. In meiner langjährigen therapeutischen Tätigkeit habe ich häufig mit sterbenden Menschen gearbeitet. Dabei habe ich die Erfahrung gemacht, dass sogar das Sterben selber seine eigene positive Qualität hat. Leider findet diese oft zu wenig Raum, weil die Zeit des Alters oft unglücklich verläuft. Ich fände es wunderschön, wenn das Minimieren seinen Teil dazu beitragen könnte, die Qualität des Alters neu zu beleben und dadurch auch verhilft, das Sterben angstfreier angehen zu können.

Ich denke, das Sterben ist oft nur deswegen angstauslösend, weil wir noch unerfüllte Sehnsüchte in uns tragen und wir deswegen nicht loslassen können. Wenn wir es schaffen, eine Form zu gestalten, in der das Alter glücklich, schön und anstrebenswert wird, dann hält uns unsere tiefe Sehnsucht vielleicht beim Sterben nicht mehr so am Leben fest und wir können sogar die Qualität des Sterbens leichter greifen. Das klingt für Menschen, die sich mit dem Thema noch nicht so viel auseinander gesetzt haben vielleicht absurd, aber auch das Sterben kann erfüllt verlaufen.

Mein Traum fußt auf dem Wunsch, mich in vollem Ausmaß auf das Heute und das Morgen freuen zu können. Nur so sehe ich die Möglichkeit, mein Alter glücklich zu erleben. Sobald ich am Gestern fest halte, verhindere ich das.

Ich bin der festen Überzeugung, dass wir bis zu unserem letzten Atemzug eine Lebensaufgabe haben und dass kein Tag in unserem Leben sinnlos oder wertlos für uns ist.

Heute bedeutet Altern leider sehr häufig zu vereinsamen. Aber gerade Gemeinschaft halte ich für eine ganz wichtige Tatsache zur Entwicklung und Entfaltung eines positiven und glücklichen Alterns. Allerdings würden sich die wenigsten älteren Menschen in einer klassischen Wohngemeinschaft wohl fühlen. Der Anspruch auf Schutz und Wahrung der eignen Grenzen und der Eigenarten ist bei älteren sicherlich höher als bei den jungen Menschen.

Der Wunsch nach Selbständigkeit wird mit steigendem Alter auch nicht geringer. Wie kann man also auf der einen Seite eine Gemeinschaft mit anderen leben und im gleichen Zuge einen Schutzraum der Eigenarten und eine Aufrechterhaltung der Selbständigkeit erreichen?

Ein Teil der kommenden Alten sind die früheren 68er. Sie haben gelernt, frei zu denken und ihre Freiheit konsequent zu leben. Die wenigsten von ihnen würden sich auf ein klassisches Alten- oder Pflegeheim einlassen wollen, in dem der Mensch vordergründig versorgt und ihm alles abgenommen wird. Im Falle einer Pflege ist das oft nicht anders möglich, aber von Glücklich-Sein kann dabei oft keine Rede mehr sein.

In meinem Traum einer neuen positiven Lebensform für das Alter gibt es Raum für die Wahrung des Eigenständigen und das freie Sich-Einbringen in eine lebendige Lebensgemeinschaft.

Hier nimmt mein Traum vom minimalisierten glücklichen Alter klarere Formen an. Ich entfalte jetzt Stück für Stück meine Traumvorstellung einer positiven Alterslebensform:

- Ich sehe ein Grundstück für eine Gemeinschaft von gleichgesinnten Menschen vor mir. Auf diesem Grundstück stehen verteilt viele kleine separate Wohnmodule. Etwa so, wie die, die man an manchen Stränden zur Urlaubsvermietung findet. Wohnmodule, die gleichzeitig konsequent minimalistisch und aufs Notwendigste reduziert sind, als auch so perfekt konzipiert, dass in einem selbständigen Alltag alles bedacht ist. Also jedes verfügt über eine eigene Küche, ein eigenes Schlaf-, Wohn- und Badezimmer und eine eigene Toilette. Alles, was vorher in breiter Eigenständigkeit gelebt wurde, sollte hier in minimalisierter Form weiter umgesetzt werden können. Dazu braucht es nicht viel Platz. Aber es bedarf einer zuvor perfekt durchgeführten Minimalisierung der eigenen Güter. Der grüne Minimalistentempel muss nicht erst erarbeitet werden, sondern er leuchtet einem hier überall entgegen. Jedes Zimmer, jeder Schrank, jede Schublade trägt das Siegel einer zuvor durchgeführten Minimalisierung. „Eine warme Hand gibt lieber, als eine kalte", heißt ein Spruch. Wie schön muss es sein, wertvolle Güter, von denen man sich schon zu Lebzeiten befreit, an liebe Menschen weiter zu geben und ihr freudiges Gesicht dabei sehen zu können. Diese Möglichkeit hätten wir nicht mehr, wenn der Beschenkte das Stück erst nach dem Tod erben würde.

- Das Wohnmodul bietet mir alles zum Erhalt meiner größtmöglichen Selbständigkeit.

- Außer den kleinen, individuellen Wohnmodulen gibt es auf dem Gemeinschaftsgrundstück in meinem Traum noch einen großen Gemeinschaftsraum für Begegnung: Hier ist Platz für kulturelle Veranstaltungen, wie gemeinsames Essen, Kochen, Vorträge, Konzerte und Filme. Trotzdem hat jeder die Möglichkeit, sich jederzeit in sein bescheidenes eigenes Zuhause zurück zu ziehen, um allein zu sein, allein zu kochen, allein zu essen. Bei Wunsch nach Begegnung steht der Gemeinschaftsort immer für alle zur Verfügung.

- Ein steigendes Maß an Hilfsbedürftigkeit oder eine beginnende Pflege könnte in dieser Gemeinschaft nicht nur gemeinschaftlich leichter finanziert, sondern teilweise auch selber gegriffen werden. Von der leichten Pflege bis zur Sterbebegleitung wäre Raum für jeden, sich nach eigenem Wunsch und Können selber einzubringen. Wer wäre besser dazu in der Lage, einen Menschen in der Phase des Sterbens zu begleiten, als ein naher, gleichgesinnter Freund?

- In meinem Traum gibt es einen Stilleort für Rückzug, Einkehr und Meditation, der gemeinschaftlich genutzt werden kann. Dies wäre für alte Menschen oft hilfreicher als manches Beruhigungsmittel und bietet Raum für spirituelle Minimalisierung.

- Musik ist für die Seele der meisten Menschen ein unmittelbarer Schlüssel. Aus diesem Grund gibt es an meinem Alten-Traum-Ort einen Raum, in dem nur musiziert wird. Hier besteht gleichermaßen die Möglichkeit, alleine, wie auch gemeinsam zu singen und zu musizieren.

- Ein Garten mit Gemüse und Blumen entfaltet für viele Menschen eine ähnliche Heilwirkung, wie Musik und ist in meinem Traum, wie in dem zuvor genannten Altenheim, ein ganz wichtiger Teil der Alten-Lebensgemeinschaft. Und auch hier lebt wieder die Kraft der Minimalisierung, durch eine größtmögliche Selbstversorgung durch eigene Produktion und Verwertung von Lebensmitteln.

- Schaffenskräfte, die zuvor während des Berufes ausgelebt wurden, leben in meinem Traum bei den Menschen der Minimalisierungs-Alten-Gemeinschaft in der Kunst, im Malen, Bildhauen und Plastizieren. Die Schaffenskräfte brauchen Raum. Oder sie können sich im Handwerk oder in der Handarbeit entfalten. Wie viel erfahrenes Profiwissen kann dabei für die Gemeinschaft ausgelebt werden! Wie viel Nützliches kann dabei entstehen! Ein Künstleratelier, eine Schreinerwerkstatt, eine Nähstube – die Möglichkeiten würden sich den Lebenserfahrungen der Bewohner anpassen.

- Im Norden von Thailand war ich vor Jahren in einem großen Restaurant, das von einem gemeinnützigen Verein von Vegetariern betrieben wurde. Sie haben sich zur gemeinsamen Aufgabe gemacht, täglich kostenlos für andere Menschen vegetarisch zu kochen. In jedem Nicht-Fleischessen anderer Menschen erlebten sie einen persönlichen Gewinn. Eine grandiose Idee, sich gemeinsam ein soziales Ziel vorzunehmen, dadurch eine Aufgabe zu haben und eigenes Können auszuleben. Keiner der Vereinsmitglieder klagte über Depressionen! Es muss kein vegetarisches Kochen sein, aber so eine Idee finde ich umwerfend und revolutionär.

- Unangenehme Aufgaben, wie administrative Dinge, Versicherungswesen oder Rentenanträge werden in meinem Traum von den alten Menschen gemeinsam bewältigt und die Erfahrungen können ausgetauscht werden.

- Die Gemeinschaft stellt in meinem Traum eine oder zwei Pflegekräfte ein, für die Pflegetätigkeiten, die nicht mehr alleine bewältigt werden können. Als Gruppe ist die Einstellung einer Pflegekraft finanzierbar und sehr persönlich.

- Die Gemeinschaft betreut in meinem Traum Kinder von arbeitenden alleinerziehenden Müttern und Vätern. Darin sehe ich eine Win-Win-Situation, da die alten Menschen regelmäßig heilsamen Kontakt zu Kindern haben, die Kinder erleben grandiose, persönliche Vorbilder in den Alten und die Alleinerziehenden haben eine perfekte Betreuung ihrer Kinder.

- Für einige Aufgaben in der Gemeinschaft werden in meinem Traum der Minimalisten-Alten-Wohngemeinschaft behinderte Menschen als Außenstelle einer Werkstatt für Behinderte eingestellt. Auch das wäre eine Win-Win-Situation für alle Beteiligten. Ein Arbeitsplatz in der Küche oder im Wohnbereich einer Alten-Wohngemeinschaft wäre für manche behinderte Menschen eine glückliche Aufgabe und für die alten Menschen eine hervorragende Hilfe.

- Eine Finanzierung ist in meinem Minimalisten-Alten-Traum vermutlich viel leichter möglich, als die eines Altenheimplatzes, der für viele Menschen immer unbezahlbarer wird. Neben einem Gemeinschaftskonto, das zur Finanzierung aller Gemeinschaftsausgaben genutzt werden kann, hat jeder Bewohner sein eigenes Geld und organisiert dieses individuell nach eigenen Bedürfnissen.

- Etliche Geräte, wie Waschmaschinen, Werkzeuge, Autos können über die Gemeinschaft finanziert und genutzt werden. In der gemeinsamen Nutzung teurer Anschaffungsgegenstände sehe ich immer wieder das Herz einer positiv gelebten Minimalisierung.

- Grundlage für meinen Traum ist eine gemeinsame, minimalistische Einstellung und deren praktische Umsetzung im Leben. Es ist sozusagen ein konsequent umgesetzter Minimalismus als neu gestaltete Form der Alters-Lebensqualität.

- Soweit mein bisheriger Traum, meine Fantasie einer glücklichen Alten-Lebensgemeinschaft. Es mag sein, dass solch eine Form bereits längst irgendwo auf der Welt gelebt wird. Vielleicht hatten einige Menschen den gleichen oder einen ähnlichen Traum schon vor mir. Aber wie so oft beim Greifen des eigenen Lebens und dem dazu nötigen Minimalisieren, bedarf es des eigenen Denkens, Entscheidens und Handelns, um etwas Neues entstehen zu lassen. Mal sehen, was aus meinem Traum eines Tages wird.

Wie bei allen anderen Lebensbereichen, die wir bisher betrachtet haben, warten auch hier die Gegner einer möglichen Veränderungsversuche auf dich. Sie flüstern dir ins Ohr:

- *„Bloß keine Veränderung, alles war gut bisher."*
- *„Morgen ist auch noch ein Tag."*
- *„Eine Veränderung ist viel zu aufwendig und kraftraubend."*
- *„Wer weiß, wie es mir morgen finanziell geht. Da kann ich kein Risiko eingehen."*
- *„Ich kann doch nicht alles verändern, was ich mir mühsam aufgebaut habe."*

Bevor du in diesem Bereich dein Leben änderst oder neu greifst, könntest du dich durch folgende Übungen stärken:

- Übung 1: „Nicht mit mir."
- Übung 2: „Ich kann nicht klagen."
- Übung 4: „Heute nicht nach Schema F."
- Übung 5: „Scharfe Sinne, blanker Genuss."
- Übung 6: „Stopp! Grenze suchen, Grenze setzen."
- Übung 8: „Dein bester Freund, dein Minimalisierungs-Begleiter."

Dann kann das Alter kommen. Und erinnern wir uns noch einmal gemeinsam an die chinesische Weisheit, die am Beginn des Kapitels stand:

„Es zählt nicht, wie alt du bist, sondern wie du alt bist.

27. Das Ende vom Lied

„Man hat stets die Möglichkeit, noch einmal zu beginnen."

Jack Kornfield

Minimieren ist ein aktuelles Thema der heutigen Zeit. Es ist deswegen ein Thema, weil uns der hektische Alltag von uns weg katapultiert. Und das ist eine Quelle für Unzufriedenheit und Unglücklichsein.

Innerer Frieden und Glück sind hohe Lebenswerte. Vielleicht die höchsten, die wir kennen. Deswegen sollte unser eigenes Leben in einem sicheren Nest aus Frieden und Glück ruhen.

Nenn mir einen einzigen Grund, weshalb wir Hektik und Unglücklichsein mehr Platz einräumen sollten, als unserem Frieden und unserem Glücklichsein. Du wirst vermutlich keinen sinnvollen Grund dafür finden. Trotzdem ist es seltsamerweise sehr häufig so, dass Hektik, Stress und Unglück erheblich viel mehr Raum in unserem Leben einnehmen als Frieden und Glück.

Frieden und Glück werden dir nicht geschenkt. Du musst selber dafür aktiv werden. Hektik, Stress und Unglück kommen auch ungefragt auf dich zu.

Die Durcharbeitung dieser Sechs-Schritte-Anleitung zum Minimieren mag zunächst einmal unglaublich aufwendig wirken. Ich will doch weniger, jetzt konfrontiert mich das Buch mit einer Fülle an Fragen, Auseinandersetzungen, Übungen und Aufgaben. Weshalb dieser Zusatzaufwand? Weshalb wird mir nicht in aller Kürze vermittelt, wie ich mein Leben schnell minimieren kann und fertig?

Weshalb gelange ich beim Thema Minimieren vom Hölzchen aufs Stöckchen?

Letzten Endes landen wir nach allen Schritten im Hier und Jetzt, in diesem Augenblick. Der Augenblick ist der wesentlichste Zeitpunkt, in dem die unglaubliche Kraft des Minimalisierens sich ganz entfalten kann. Sobald du die hohe Kunst erlernt hast, dein gesamtes Leben zu reduzieren, wenn du mit deiner Aufmerksamkeit nur noch den Augenblick zulässt, mit seinem unendlichen Angebot an dich, vollständig zufrieden mit dir, deinem Hab und Gut und deinem Leben zu sein, kann dein Glück sich ganz entfalten. Dann bist du mit dir selber identisch. Und das schenkt dir Ruhe und Zufriedenheit.

Der Aufwand bei dieser Form des Minimierens mag groß sein, aber der für dich dabei entstehende Gewinn ist noch viel größer und wertvoller.

Durch die innere Arbeit arbeitest du dich zu deinen Zielen und Werten durch bis zu den Wurzeln deines Selbst.

Die Geister unserer Zeit fordern von uns eine eindeutige, klare Stellungnahme zu unserem Ich, wenn wir in der Reizüberflutung nicht untergehen wollen.

Es mag sein, dass der Minimalisierungstrend irgendwann wieder abebbt. Wenn du dein Ich aber auf diese Art und Weise geformt hast, ist es gleichgültig, ob der Trend vergeht. Du bist dann bei dir angekommen, du hast dein Leben gegriffen, du bist eins mit dir. Und das ist die Grundvoraussetzung für dein erfülltes, glückliches, unbeschwertes Leben.

In diesem Sinne ist die Minimierungsarbeit die Basis für dein Glücklichsein.

28. Minimalismus-Checkliste

„Unser Handeln im Alltag bestimmt, ob wir glücklich sind oder nicht.“

Dalai Lama

Am Ende des Buches habe ich alle einzelnen Schritte zur Minimalisierung deines Lebens noch einmal in Kurzform für dich zusammen gefasst. So musst du nicht den gesamten Text erneut durchlesen, wenn du damit beginnst, dein Leben Stück für Stück in dieser Art zu minimieren.

Vielleicht spricht dich die Technik mit den sechs Schritten an, aber du weißt trotzdem nicht genau, wie du das alles jetzt praktisch in deinem Alltag umsetzt. Dafür gehen wir die einzelnen Schritte anhand eines typischen Beispiels im letzten Kapitel noch einmal durch. Wir knöpfen uns dabei das Beispiel des Haushaltes und der Küche vor, weil dieser Lebensbereich ein Klassiker ist und von den meisten, die ihr Leben minimalisieren wollen, gegriffen sein will.

Schritt 1: Der Gedankenwasserfall

Bevor du beginnst, räume dir ausreichend Zeit für dein Vorhaben ein. Mache nichts in Eile, deine Minimalisierung ist wertvoll und sehr persönlich und benötigt deine volle Aufmerksamkeit. Gehe dein Vorhaben nicht zwischen Tür und Angel an. „Bewaffne" dich für deinen ersten Schritt mit Papier und Stift. Mehr benötigst du erst einmal nicht. Dies sind deine Werkzeuge für den Start. Ansonsten braucht es nur noch dich selbst und deinen Entschluss.

Jede Minimalisierung arbeitet von innen nach außen, vom Herzen zur Haut.

Wenn du jetzt also mit dem Vorhaben, deinen Haushalt zu Minimalisieren beginnst, begib dich direkt ins Herz des Haushalts, in deine Küche. Vielleicht gibt es noch Schränke in anderen Zimmern oder Kisten im Vorratskeller, die zu diesem Bereich dazu gehören. Aber die bezeichnen wir eher als die äußere Hülle, die Haut, und die ist später dran.

Hier im Herzen deines Haushaltes, deiner Küche, lass erst einmal die Stimmung, die Atmosphäre eine Weile auf dich wirken.

Wie fühlst du dich an diesem Ort?

Was fällt dir als erstes auf oder ein?

Wendet sich deine Aufmerksamkeit direkt einem bestimmten Platz zu?

Dem Tisch oder dem Geschirrschrank?

Setze hier deinen ersten Anker, hier beginnt deine Arbeit.

Nehme diese Empfindungen als erste Impulse deines Gedankenwasserfalls auf.

Setz dich an diesem Ort hin und schreibe deine allerersten Gedanken auf. Du wirst sehen, dass der Gedankenwasserfall meistens sehr schnell in Fluss kommt, wenn man den Rahmen dafür festgesetzt hat. Nimm dir Zeit für diesen Schritt.

Vielleicht erstreckt sich dein Gedankenwasserfall über Tage. Das ist in Ordnung. Natürlich bleibst du nicht so lange an diesem Ort sitzen, das ist nur für den allerersten Start wichtig. Die folgenden Tage „gehst du mit deinem Gedankenwasserfall schwanger". Du trägst ihn in dir, wie eine frische Mutter ihr Baby im Bauch. Lass den Wasserfall für eine gewisse Zeit zum Zentrum deiner Gedanken werden. Irgendwann erhältst du das sichere Gefühl, dass dein Wasserfall vollständig ist. Die für dich wesentlichen Gedanken hast du alle auf deinem Papier gesammelt. Dadurch ist dir deine eigene Richtung schon etwas klarer geworden und vielleicht auch die Bedeutung, die dieses Thema für dich hat. Genau jenes Thema vertiefen wir beim zweiten Schritt.

Schritt 2: Deinen Impuls finden

Bei diesem Schritt geht es darum herauszufinden, wie wichtig die Gestaltung und Minimalisierung eines Lebensbereiches für dich ist, und darum, dich mit deinem Impuls tiefer zu verbinden.

Dein Arbeitsmaterial sind vier selbst hergestellte Karten. Sie helfen dir die Frage zu klären: „Wie wichtig ist mir die eigene Gestaltung dieses Lebensthemas?" Diese Karten musst du dir nicht immer wieder neu erstellen. Du kannst sie bei jedem neuen Lebensbereich verwenden. Sie verbinden dich immer wieder mit deinem inneren Impuls zu dem Thema, das du gerade angehst. Du kannst sie sowohl bei den großen Überschriften, als auch bei untergeordneten Teilbereichen des Themas nutzen. Wenn du dich fragst, wie wichtig dir die Minimalisierung deines Haushaltsbereiches generell ist, werden dir die Karten hilfreich zur Seite stehen. Aber auch, wenn du heraus finden willst, ob du „nur" dein Herz, deine Küche selber, durcharbeiten möchtest, oder auch den Speiseraum im Keller in dem du alle, nicht so häufig gebrauchten Dinge aufbewahrst. Ich weiß, ich habe es schon oft im Buch betont, aber ich wiederhole es immer wieder: Minimalismus darf niemals zum Zwang oder zur Pflicht werden, deine individuelle Freiheit ist dein bester Freund dabei. Deswegen kann dir auch keine Norm vorschreiben, ob du „nur deine Küche" im Haushalt „durchminimalisierst" oder den vollständigen Bereich mit allen Ecken und Winkeln. Meine eigene Erfahrung ist, dass das wirklich beglückende und befreiende Gefühl sich am ehesten einstellt, wenn du alles einmal durchgekaut hast und das Durchkauen dadurch zu einer Selbstverständlichkeit im Leben geworden ist, die dich auf Schritt und Tritt begleitet. Wie ein Körperreflex, über den du nicht mehr nachdenken musst.

<u>Beschrifte deine vier Karten mit folgenden Texten:</u>

Vorderseite Karte 1: Nicht wichtig! Rückseite Karte 1: Ich lasse es bewusst laufen und nehme in Kauf, dass andere sich um die Gestaltung dieses Themas in meinem Leben bemühen könnten.

Vorderseite Karte 2: Mal so, mal so! Rückseite Karte 2: Ich werde dann aktiv, wenn mir danach ist. Ich nehme in Kauf, dass es immer wieder neue Mühe kostet, den Motor neu in Schwung zu bringen und dass andere die gestaltungsfreie Zeit in meinem Leben in ihrem Sinne nutzen könnten.

Vorderseite Karte 3: Wichtig!

Rückseite Karte 3: Ich gebe mir täglich Mühe dran zu bleiben und den Motor am Laufen zu halten.

Vorderseite Karte 4: Unumgänglich!

Rückseite Karte 4: Ich gestalte mein Leben in diesem Punkt auf jeden Fall selber. Hier hat kein anderer etwas verloren.

Entscheidest du dich bei dem Haushaltsthema oder einem Teilbereich daraus für Karte drei oder vier, geht deine Arbeit mit dem nächsten Schritt weiter.

Schritt 3: Den Gegner ansehen und entgegen treten.

Finde heraus, welche Kräfte deinen Minimierungsbestrebungen entgegenwirken und wende dich ihnen mutig entgegen. Für diese Arbeit benötigst du kein Hilfsmaterial. Es handelt sich um eine konzentrierte Bewusstseinsarbeit, bei der du mit geschärftem Blick und wachem Verstand durch deinen Alltag gehst. Es ist, als würdest du auf deiner aktuellen Lebensbühne für eine Weile einen einzelnen Scheinwerfer anmachen, damit du diesen Lebensbereich besonders deutlich erkennst. Das machst du natürlich nicht am Stück, sonst würde der Rest deines Lebens in dieser Zeit ganz schön durchhängen. Setze bewusste regelmäßige Stopps im Alltag, in denen du innehältst und alle anderen Lichter auf deiner Bühne für einen Augenblick ausschaltest. So, wie ein Fotograf, der die Hand zum Kreis formt und vor ein Auge hält, um den Ausschnitt, den er fotografieren will, besser zu erkennen und vom Umfeld abzutrennen. Das, was du mit der Reduktion des einen Spots wahrnimmst, wird dir helfen zu klären, welche Übungen du beim nächsten Schritt verwenden kannst.

Schritt 4: Sich stark machen für Veränderungen

Bereite deine Minimierungsveränderungen durch gezielte Übungen vor, die deine Willensimpulse schulen und stärken.

Die Übungen lauten:

- Übung 1: „Nicht mit mir!"
- Übung 2: „Ich kann nicht klagen."
- Übung 3: „Mein Auftragsbuch."
- Übung 4: „Heute nicht nach Schema F."
- Übung 5: „Scharfe Sinne, blanker Genuss."
- Übung 6: „Stopp! Grenze suchen; Grenze setzen."
- Übung 7: „Lust auf Loslassen."
- Übung 8: „Dein bester Freund, dein Minimalisierungs-Begleiter."

Wähle aus diesen Übungen diejenigen aus, die dir als besonders passend zu dem Thema erscheinen oder die ich dir im Buch vorgeschlagen habe. Dann praktiziere jede der von dir ausgewählten Übungen mit Zeit und mit Genuss. Auch hier heißt es wieder: keine Pflichtkür, sondern Spaß!

Dann folgt der nächste Schritt.

Schritt 5: Handeln und Ändern

Setze deine Minimierungsimpulse konsequent um. Am besten gehst du dabei vor, indem du dir einen klaren Rahmen steckst, den du angehst. Bei unserem Beispiel, dem Haushalt, beginne im Herzen: in der Küche.

Als Material dienen dir hier schon die Minimalisierungssiegel aus der letzten Übung. Besorge dir also einen Bogen mit grünen Klebepunkten, die dir immer wieder die Sicherheit geben, dass du diesen Bereich schon bearbeitet hast.

Im Herzen der Küche steckst du deinen ersten Rahmen. Hast du nur wenig Zeit, dann lege fest, dass du dir zunächst nur den Küchentisch erarbeitest. Am Ende soll der Tisch genau so aussehen, wie du ihn dir auf Dauer wünschst und daran erinnert dich dein feierlich gesetztes Siegel am Rand des Tisches. Der kleine Punkt hat eine wahre Zauberkraft, weil er dich immer wieder mit deiner zuvor geleisteten Arbeit verbindet. Es wird dir nach getaner Küchenarbeit Freude machen, diesen Zustand immer wieder aufs neue herzustellen und es wird verhindert, „nur mal eben schnell etwas abzulegen".

Wenn du deinen Arbeitsrahmen für die Minimalisierung (in diesem Fall den Küchentisch) festgelegt hast, nimm jeden Gegenstand, den du dort findest bewusst in die Hand und scanne ihn innerlich mit folgenden Fragen:

1. Wertvoll für mich

A. Ich benötige den Gegenstand.

- Ist dies hundert prozentig der richtige Gegenstand für mich oder gibt es störende Faktoren?

- Falls nein: Ich kaufe mir den richtigen Gegenstand und verkaufe den alten.

- Falls ja: Ich suche einen festen Platz dafür, wo ich den Gegenstand immer weiß.

B. Ich liebe den Gegenstand.

- Ich suche einen festen Platz dafür, wo ich den Gegenstand immer weiß.

C. Ich liebe die Bilder und Gefühle, die ich mit dem Gegenstand verbinde.

- Brauche ich den Gegenstand zum Erhalt dieser Gefühle? Wenn ja, wo bleibt sein Platz?
- Reicht ein symbolischer Repräsentant zum Erhalt meiner schönen Gefühle?
- Wenn ja, wo ist der Ort für den Repräsentanten und was mache ich mit dem Gegenstand?
- Wenn nein, wo ist der Platz für den Gegenstand?

2. Wertvoll für andere

A. Ich verschenke den Gegenstand an einen Freund.

B. Ich verschenke den Gegenstand an einen Bedürftigen.

C. Ich gebe den Gegenstand an ein Sozialkaufhaus.

D. Ich verkaufe den Gegenstand.

3. Wertlos.

A. Ich prüfe, ob der Gegenstand Wertstoffe enthält und entsorge diese dementsprechend.

B. Ich entsorge den Gegenstand müllgerecht.

Auf diese Art erarbeitest du dir erst den ersten Teilrahmen mit all seinen Gegenständen. Dann legst du den nächsten Rahmen in diesem Lebensbereich fest und gehst genauso vor. Dabei kannst du die einzelnen Rahmen auf unterschiedliche Weise festlegen. Eine Möglichkeit ist es, sich in der Küche nach dem Tisch zum Beispiel den Geschirrschrank vorzuknöpfen. Das heißt, du setzt den Rahmen durch die Möbelstücke, die du in der Küche hast. Eine andere Möglichkeit ist es, den Raum konsequent in Quadrate aufzuteilen, die du dir nach und nach erarbeitest. Diese Möglichkeit bietet sich an, wenn man das Empfinden hat, dass man es wegen des hohen Ausmaßes an Chaos nie schaffen kann, den Ort so zu gestalten, wie man ihn sich wünscht. In diesem Fall blendest du den gesamten Rest der Küche mit ihrem bestehenden Chaos für diese Zeit aus und beleuchtest ausschließlich den Quadratmeter, den du dir gerade nach deinen Wünschen gestaltest. Das schaffst du ohne Stress in aller Ruhe. Und wenn du dich so Quadratmeter für Quadratmeter weiter durcharbeitest, ist nachher eine Arbeit bewältigt, die dir zuvor vielleicht unerreichbar erschien. Wenn du den gesamten Bereich in deinem Sinne gegriffen hast, kommen wir zum letzten Schritt.

Schritt 6: Im Fluss bleiben

Dafür stehen dir folgende Hilfen zur Verfügung:

1. Dein Minimalisierungsrepräsentant
2. Dein „Das-Bin-Ich-Plakat“
3. Dein persönlicher Minimalismus-Scanner im Alltag
4. Das Minimalisten-Siegel

Die Hilfen eins bis drei erstellst du dir nur einmal und kannst sie dann immer wieder aufs Neue nutzen. Sie schützen dich in Zukunft, wie die Rüstung den Ritter, und verbinden dich mit deiner inneren Form und deinen eigenen Impulsen.

Diese Art, sein Leben in allen gewünschten Bereichen zu minimalisieren, ist mehr als eine Technik. Vielmehr ist sie eine Lebensform, die dich immer wieder mit dir selber verbindet, die dich bewusst und wach für dein Leben und für deine inneren Werte macht. Vergiss dabei nie: alles was du tust, in

Freude zu tauchen. Kein Stress, kein Zwang! Es fühlt sich gut an, wenn man auf diese Weise zu sich kommt. Es macht zufrieden und öffnet einem das Tor zum inneren Glück.

Printed in Poland
by Amazon Fulfillment
Poland Sp. z o.o., Wrocław

79131697R00139